_____ 학교 ____ 학년____반_____ 의 책이에요.

'체험학습'이란 책에서나 수업 시간에 배운 지식을 실제 현장에서 직접 경험해 보는 공부 방법이에요. 단순히 전시된 물건을 관람하거나 공연을 보는 것이 아니라 학습을 하기 전에 미리 필요한 정보를 조사하는 것까지를 포함한 모든 활동을 의미해요. 어떻게 공부할 것인지를 준비하면 그렇지 않은 경우보다 훨씬 더 많은 것을 보고 느끼게 되겠지요. 이 책은 체험학습을 하려는 어린이들에게 좋은 길잡이 역할을 할 거예요.

❶ 가기 전에 읽어 보세요

이 책은 체험학습 현장을 어린이들이 쉽게 이해할 수 있도록 풀이한 안내서예요. 어린이들이 직접 체험학습 현장을 찾아가는 데 필요한 정보가 들어 있어요. 체험학습 현장을 가기 전에 꼼꼼히 읽어 보세요.

❷ 현장에서 비교해 보세요

이 책은 비무장 지대와 관련된 흥미진진한 이야기를 현장 체험 사진과 함께 엮어 놓았어요. 책에 나온 내용을 현장에서 직접 확인하다 보면, 비무장 지대에 대해 살아 있는 지식을 얻게 될 거예요.

❸ 스스로 활동해 보세요

이 시리즈는 단지 지식을 전달하기 위한 교양서가 아니에요. 어린이 여러분이 교과서로 수업 시간에 배운 내용을 실제 현장에서 직접 체험하며 익힐 수 있도록 다양한 활동 내용을 담았지요. 책 중간이나 뒷부분에 이해를 돕기 위한 활동이 있으니 꼭 스스로 정리해 보세요.

❹ 견학 후 활동이 다양해요

체험학습 후에는 반드시 견학 후 여러 가지 활동을 해 보세요. 보고서 쓰기, 신문 만들기, 그림 그리기 등을 통해 체험학습에서 보고 들은 내용을 다시 한번 정리하면 알찬 체험학습이 될 거예요.

신나는 교과 체험학습 43

민족 분단의 아픈 역사가 서려 있는 곳 비무장 지대

초판 1쇄 발행 | 2008. 9. 30.
개정 3판 4쇄 발행 | 2023. 11. 10.

글 김훈이 | **그림** 장동일 | **감수** 이해용

발행처 김영사 | **발행인** 고세규
등록번호 제 406-2003-036호 | **등록일자** 1979. 5. 17.
주소 경기도 파주시 문발로 197(우10881)
전화 마케팅부 031-955-3100 | 편집부 031-955-3113~20 | 팩스 031-955-3111

값은 표지에 있습니다.
ISBN 978-89-349-9657-6 64000
ISBN 978-89-349-8306-4 (세트)

좋은 독자가 좋은 책을 만듭니다. 김영사는 독자 여러분의 의견에 항상 귀 기울이고 있습니다.
전자우편 book@gimmyoung.com | 홈페이지 www.gimmyoungjr.com

어린이제품 안전특별법에 의한 표시사항
제품명 도서 제조년월일 2023년 11월 10일 제조사명 김영사 주소 10881 경기도 파주시 문발로 197
전화번호 031-955-3100 제조국명 대한민국 ⚠주의 책 모서리에 찍히거나 책장에 베이지 않게 조심하세요.

민족 분단의 아픈 역사가 서려 있는 곳

비무장 지대

글 김훈이 그림 장동일 감수 이해용

주니어김영사

차례

비무장 지대에 가기 전에

미리 준비하세요

준비물 《비무장 지대》 책, 필기도구, 사진기, 시계, 물, 간식

미리 알아두세요

● 비무장 지대는 답사 전에 미리 연락해서 알아보고, 방문 시간은 꼭 지켜야 해요.

● 사진은 허가된 장소에서만 찍을 수 있어요.

● 군인 아저씨들의 통제를 벗어나 혼자서 행동할 수 없어요.

● 판문점은 최소 3~4개월 전에 국가정보원 안보상담센터로 예약해야 해요.
(전화 : 전국 공통 국번 없이 111)

가는 방법

🚌 철원까지 가는 방법

① 동부간선도로나 43번 국도를 타고 의정부, 포천 방향으로 오세요. 운천 방면으로 나와 검문소를 통과하면 신철원이에요.

② 구리 톨게이트에서 퇴계원, 일동 방면으로 오다가 47번 국도로 들어오세요. 그런 다음 포천, 운천 방면인 43번 국도를 타고 검문소를 통과하면 신철원이에요.

🚌 임진각, 도라산역 가는 방법

① 철도나 버스를 이용해 경의선 문산역에서 내려서 058번 버스로 갈아타면 임진각에 도착해요.

② 9710번 버스를 타고 문산 터미널에서 내려서 058번 버스로 갈아타면 임진각에 도착해요.

③ 문산을 통과해 1번 국도 종착점인 임진각 관광지까지 가요. (서울을 기준으로 했을 때 1시간 20분 정도 걸려요.)

④ 김포공항에서 행주대교를 통과해 자유로를 타고 문산에서 임진각 관광지까지 가요. (서울을 기준으로 했을 때 40분 정도 걸려요.)

비무장 지대는요……

우리 민족은 한국 전쟁으로 인해 두 개의 나라로 나뉘어졌어요. 서로에 대한 벽도 점점 높게 쌓였지요. 참으로 가슴 아픈 일이 아닐 수 없어요. 서로를 정말 형제처럼 여겨 아끼고, 사랑한다면 위와 같은 일은 벌어지지 않았겠지요.

나라와 우리의 마음까지 반으로 나누어 버린 선, 휴전선. 이 휴전선을 둘러싸고 남한과 북한의 무력 충돌을 막기 위해 설정된 구역이 바로 우리가 둘러볼 비무장 지대예요. 우리나라에 있지만 다가갈 수 없는, 슬픈 역사를 고스란히 간직하고 있는 공간이지요. 한때는 자유롭게 오갔던 북한 지역을 눈으로나마 볼 수 있는 남한의 유일한 지역이기도 해요. 그렇기 때문에 비무장 지대를 비롯한 민통선*(민간인 출입 통제 구역) 지역 답사는 시작부터 우리를 설레게 하지요. 하지만 막상 그곳에 도착해 끝도 없이 이어지는 긴 철책, 서로를 향해 총을 겨누고 있는 남북의 군인들을 보면 답사를 시작할 때 가졌던 설렘보다는 삭막함과 차가움에 얼어붙기도 해요. 그러나 비무장 지대는 오랜 시간 사람들의 접근이 통제되고 우리의 관심이 멀어진 사이에 독특한 자연 생태계를 이루며 하나된 땅으로 거듭나고 있어요. 우리 민족과 동식물이 함께 어우러져 살 수 있는 비무장 지대, 그 삭막함과 차가움 속에도 희망이 있으리라 믿으며 답사를 떠나 볼까요?

*민통선 : 비무장 지대 남방 한계선 남쪽 10~12킬로미터에 걸쳐 있는 일반인 출입이 제한된 지역을 말해요.

김포와 강화도가 북한을 마주하는
한강 하구 지역이에요.

비무장 지대는
민족의 슬픔이 교차하는
땅이지만, 통일의 꿈이
피어나는 희망의
땅이기도 해요.

한눈에 보는 비무장 지대

기정동

판문점 → 판문점은 가장 오랫동안 군사 정전 회담이 진행되고 있어 세계의 이목을 끄는 곳이에요.

궁예도성지

대성동

철의삼각 전망대

열쇠전망대

백마고지 위령비

월정리역

한국 전쟁 때 포격으로 산이 마치 아이스크림 녹듯 흘러 내렸다고 해요.

아이스크림 고지

제1땅굴

구철원 유적지

제3땅굴 → 이 땅굴은 현재까지 발견된 땅굴 중 서울과 가장 가까운 곳에 있어요.

경순왕릉

노동당사
한국 전쟁 전까지 북한 노동당 철원군 당사로 쓰였던 곳이에요.

도라산역은 남쪽의 마지막 역이면서 동시에 북쪽으로 가는 첫 번째 역이기도 해요.

도라전망대　**도라산역**

도피안사
통일 신라 경문왕 5년에 도선국사가 쇠로 만든 불상과 삼층석탑을 세워 건립했어요.

통일대교
자유의 다리 옆에 임진강 남북을 잇는 새로운 다리예요.

북한의 모습을 볼 수 있는 남측의 최북단 전망대예요.

임진각
실향민들을 위해 1972년에 정부에서 세웠어요.

철원

관산반도

임진강 하구 개리 월동지

자유의 다리

포로들을 교환하기 위해 설치되었던 다리예요.

파주

철의삼각전적관
한국 전쟁 당시 치열한 전투가 벌어졌던 철의삼각지 전투를 기념하기 위해 만든 국내 최대의 안보 교육장이에요.

오두산 통일전망대

한강 하구 재두루미 월동지

한반도가 남북으로 분단된 지 70년이 다 되어 가요. 민족 분단의 슬픈 역사를 간직한 비무장 지대에는 남북의 군인들이 서로를 향해 총을 겨눈 채 대치하고 있어요. 비무장 지대에서 북한 땅을 눈으로만 바라보아야 하지만, 앞으로 남과 북이 자유롭게 만날 수 있으리라는 희망을 품고 경건한 마음으로 둘러보아요.

철원 평화전망대 → 평화전망대는 우리나라에서 가장 북쪽에 있는 전망대예요.

전동차를 타고 땅굴 내부를 관람할 수 있는 곳이에요.

산양서식지

제4땅굴

승리전망대

을지전망대

고성 통일전망대 → 통일전망대에는 통일을 기원하는 전진 십자철탑과 통일 기원 범종, 미륵 불상, 성모 마리아상 등이 있어요.

제2땅굴
북한의 기습용 지하 땅굴로 그동안 발견된 땅굴 가운데 최대 규모예요.

→ 을지전망대는 을지부대가 관할하고 있어 을지전망대라는 이름이 붙여졌어요.

비목공원

양구 펀치볼마을

양구

고성

평화의 댐
북한의 수공과 홍수 피해를 예방하기 위해 건설한 댐이에요.

파로호
일제 강점기에 수력 발전소를 건설하면서 생긴 인공 호수예요.

마현리

화천

건봉사

화진포 역사안보전시관
화진포는 동해안 최대의 자연 호수로 김일성 별장과 이승만 대통령 별장이 있었을 정도로 경관이 빼어나요.

승일교
한탄강 중류에 놓여 있는 승일교는 북한에서 건설을 시작한 뒤 남한에서 완공했어요.

고석정
한탄강변에 있는 정자로 외적 임꺽정이 고석정 앞에 솟아 있는 고석바위의 큰 구멍 안에 숨어 지냈다고 해요.

이런 순서로 돌아보아요

철원 지역 승일교 → 철의삼각전적관 → 고석정 → 제2땅굴 → 철원 평화전망대 → 아이스크림 고지 → 월정리역 → 구철원 유적지 → 노동당사 → 백마고지 → 도피안사

서부 전선 판문점 → 임진각(자유의 다리) → 통일대교 → 제3땅굴 → 도라전망대 → 도라산역

동부 전선 제4땅굴 → 을지전망대 → 양구 전쟁기념관 → 고성 통일전망대 → 화진포 역사안보전시관 → 파로호 → 비목공원 → 평화의 댐

민족 상잔의 비극 한국 전쟁과 비무장 지대

'태극기 휘날리며'라는 영화를 기억하나요? 행복하게 살아가던 한 형제가 적이 될 수밖에 없는 이 영화의 배경은 바로 1950년 6월 25일에 일어난 한국 전쟁이에요. 한국 전쟁을 잠시 멈추게 되면서 남과 북은 비무장 지대를 만들게 되었어요. 그래서 우리가 비무장 지대를 이야기할 때 절대 빠질 수 없는 것이 바로 한국 전쟁이에요.

도대체 한 민족인 남과 북이 왜 전쟁을 하게 되었을까요?
지금 이 전쟁은 과연 끝이 난 것일까요?

자, 지금부터 비무장 지대를 만들게 된 배경인 한국
전쟁에 대해 같이 알아본 뒤에 비무장 지대로 체험학습을
떠나 보아요.

전쟁은 남북한
모두에게 엄청난 인명과
재산 피해를 주었어.

1950년 6월 25일에 무슨 일이?

1945년 8월 15일 우리는 일본에게 빼앗겼던 주권을 되찾았어요. 하지만 기쁨도 잠시, 미국과 소련은 일본군을 한반도에서 몰아낸다는 구실로 38도선을 기준으로 미국은 남쪽에, 소련은 북쪽에 군대를 보냈어요. 미국과 소련은 우리나라가 아직 스스로 나라를 다스릴 수 없는 상태라고 하면서 우리나라를 다스리려고 했어요. 우리 민족의 의사와는 상관없이 38도선을 경계로 나라가 둘로 나누어졌지요.

그 뒤에 남과 북이 총선거를 실시해 하나의 독립 정부를 세우자는 의견이 나오기도 했지만 여러 다른 의견으로 이루지 못했어요. 남과 북의 정치 세력, 그리고 미국과 소련 등 강대국들의 주장이 모두 달랐거든요. 결국 남한과 북한이 각각 서로 다른 정부를 세워 한반도에는 체제가 다른 두 개의 나라가 들어서게 되었지요.

1950년 6월 25일, 북한은 무력을 앞세워 38도선을 넘어왔고 같은 민족끼리 전쟁을 하는 상황이 벌어졌어요. 이것이 바로 한국 전쟁이에요. 북한군은 3일 만에 서울을 점령했어요. 그래서

38도선

지도상 북위 38도를 기준으로 그은 선으로 '북위 삼십팔도선'의 줄임말이에요. 1945년 제2차 세계 대전에서 일본이 항복한 이후 미국과 소련 두 나라가 한반도를 나누어서 점령했어요.

38도선을 기준으로 미국은 남쪽에, 소련은 북쪽에 군대를 보내 우리나라는 둘로 나뉘어졌어요.

한국 전쟁 중의 역사적 사건

1950. 6. 25	1950. 6. 28	1950. 9. 15	1950. 9. 28	1950. 10. 19
북한군 남침	유엔군 참전 결의	유엔군 인천 상륙	서울을 다시 찾음	평양 점령

사람들은 서울보다 안전한 남쪽으로 피난을 갔어요. 북한군이 내려오는 것을 막기 위해 우리 정부는 한강교를 폭파했지요. 하지만 북한군에게 낙동강 아래까지 밀려 더 이상 물러설 곳이 없었어요. 유엔(UN)은 이러한 사실을 알고 유엔군을 남한으로 보냈어요. 총 16개국의 군인들이 도와주러 왔어요. 맥아더 장군이 이끈 유엔군은 '인천 상륙 작전'을 펼쳐 서울을 되찾았어요. 여세를 몰아 38도선을 돌파하고 북쪽으로 나아갔고, 우리는 통일을 눈앞에 두는 듯했어요.

인천 상륙 작전 자유수호의 탑
인천 상륙 작전 진지에 세워진 기념탑이에요.

그런데 전세가 불리해진 북한은 중국에게 도와달라고 요청했고, 결국 중공군이 압록강을 넘어왔어요. 중공군의 도움으로 북한군은 다시 서울을 빼앗았지요. 이에 우리는 남쪽으로 후퇴할 수밖에 없었어요. 이를 1·4 후퇴라고 해요. 서울을 빼앗긴 국군과 유엔군은 다시 반격을 하여 서울을 되찾았어요. 그 이후 남한과 북한은 한 치의 땅이라도 더 차지하고자 치열한 전투를 벌였어요.

38도선 근처 지역에서 남북이 서로 뺏고 뺏기는 전투를 하고 있을 때, 미국과 유엔은 휴전에 대해 이야기하기 시작했어요.

결국 전쟁을 잠시 멈추기로 했고, 휴전 회담이 열리게 되었어요.

휴전이라는 말 그대로 전쟁을 완전히 끝낸 것이 아니라 잠시 쉬기로 한 것이죠.

 휴전 회담

평화적으로 협정을 체결하여 최종적으로 전쟁을 끝내기 이전에 일정한 기간 동안 전투 행위 등 군사 작전을 한동안 정지하도록 규정하는 협정이에요.

1950. 10. 25	1950. 11. 1	1951. 1. 4	1951. 3. 15	1951. 7. 8	1953. 7. 27
중공군 개입	압록강 진격	1·4 후퇴	서울을 되찾음	휴전 예비회담	휴전 협정 체결

하구

강물이 바다로 흘러들어가는 어귀를 일컫는 말이에요.

군사 분계선

전쟁 중인 쌍방의 협정에 따라 설정한 군사 활동의 한계선을 말해요.

1953년 7월 27일에 비로소 유엔군과 북한, 중공군이 휴전 협정을 체결해 3년 1개월에 걸친 전쟁은 끝이 났어요. 그 뒤 한반도는 38도선 대신에 서해안의 임진강 하구에서 동해안의 강원도 고성에 이르는 군사 분계선을 기준으로 남한과 북한으로 나누어지게 되었어요. 그리고 더 이상 부딪치지 않기 위해 남과 북이 합의하여 군사 분계선에서 각각 2킬로미터씩 후퇴한 지점까지는 서로 무기를 두지 않으며, 서로 들어가지 않기로 약속을 했어요. 그 어떠한 무기나 군대도 들어갈 수 없다는 뜻으로 이곳을 비무장 지대(DMZ)라고 해요.

서해안에서 동해안까지 248킬로미터의 길이에 위아래 합쳐 약 907제곱킬로미터에 달하는 땅이 바로 비무장 지대에 속해요.

이번에는 비무장 지대에 속해 있는 곳을 알아볼까요? 임진강 하구, 그리고 파주, 문산, 연천 등이 있어요. 또한 이곳들을 지나 가파른 산들이 이어지는 철원, 김화, 평강, 화천, 양구, 그리고 동해와 접해 있는 고성 지역 등이 비무장 지대에 포함되지요. 한편, 서해 5도와 김포, 한강 하구는 남북이 대치하고 있어 민간인들의 출입이 통제되고 있는 곳이에요.

여기서 잠깐!

어떤 지역인지 알아보아요!

다음에서 설명하는 지역은 어디일까요? (   )

> 휴전선을 기준으로 남북으로 2킬로미터 안에서는 절대 무장할 수 없는 지역이에요. 이곳은 사람들의 출입이 엄격히 제한되어 있어요.

보기	• 휴전선 • 비무장 지대 • 민통선(민간인 출입 통제선)

정답은 56쪽에

휴전선, 비무장 지대와 민통선

우리나라 지도를 보면 중간 정도에 비스듬히 가로질러 그어져 있는 휴전선을 볼 수 있어요. 전쟁으로 인한 슬픈 흔적과 아픔을 간직한 휴전선을 비롯해 일반인이 자유롭게 갈 수 없는 비무장 지대와 민통선(민간인 출입 통제선)은 어떤 곳인지 함께 알아보아요.

�֍ 휴전선

38도선은 1950년 6월 25일 전쟁으로 사라지고, 1953년 7월 27일 미국·소련·중국이 전쟁을 잠시 쉬기로 결정하면서 임시로 그어 놓은 선이에요. 정확히는 '군사 분계선'이라고 해요. 휴전선은 표시판을 설치해서 구분하고 있어요. 표시판은 임진강변에 세워진 군사 분계선 표시물 제0001호부터 시작해서 동해안에 있는 표시물 제 1,292호까지 총 1,292개가 있지요. 그러나 50년의 시간이 흐르면서 녹슬고 그 번호조차 알아볼 수 없을 정도가 되어 표시판의 위치를 찾기 어려워요.

✖ 비무장 지대

군사 분계선을 기준으로 남쪽 후방 2킬로미터(남방 한계선), 북쪽 후방 2킬로미터(북방 한계선)까지의 지역이에요. 이곳은 사람들의 출입이 제한되어 있으며, 절대 무장할 수 없어요. 비무장 지대 바깥으로 철로 만든 울타리가 있는데, 남쪽의 철책을 남방 한계선, 북쪽의 철책을 북방 한계선이라고 해요. 다만 지금은 북쪽에는 철책이 없고 전기 고압선이 주로 설치되어 있어요.

✖ 민통선(민간인 출입 통제선)

비무장 지대 근처에 일반인이 함부로 갈 수 없는 또 다른 통제 구역을 말해요. 남방 한계선 바깥으로 약 5~20킬로미터 남쪽에 또 하나의 보이지 않는 선으로 휴전선 남쪽 지역의 군사 작전과 군사 시설 보호, 보안 유지를 위해 일반인들의 출입을 통제하는 곳이 민간인 통제 구역이에요. 우리가 찾아가려는 곳들이 바로 이 민통선 안에 있답니다. 북한에도 우리의 민통선과 비슷한 곳이 있다고 해요. 이곳은 일반인들의 출입이 힘들고, 출입이 허가된다 해도 집을 짓고 살거나, 땅의 소유에 대해서는 제한을 받는 곳이에요.

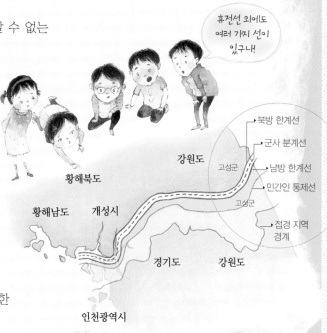

휴전선 외에도 여러 가지 선이 있구나!

황해북도
황해남도
개성시
강원도
고성군
고성군
경기도
강원도
인천광역시

북방 한계선
군사 분계선
남방 한계선
민간인 통제선
접경 지역 경계

세계의 비무장 지대

완충 지대
대립하는 나라들 사이의 충돌을 줄이기 위하여 설치한 지대를 일컫는 말이에요.

비무장 지대는 현재 우리나라에만 있지만 전쟁처럼 무력 충돌이 일어나 피해가 생길 수 있는 가능성이 있는 지역에 충돌을 피하기 위해 **완충 지대**를 설치하는 경우를 역사적으로 많이 볼 수 있어요. 그러면 휴전 협정이나 평화 협정을 맺은 뒤에 일어날 수 있는 충돌을 막기 위해 비무장 지대를 설치해 온 경우에 대해 알아보아요.

베르사유 강화 조약과 라인란트의 비무장화

연합국
공통의 목적을 위해 연합한 나라를 뜻해요.

식민지
정치적 · 경제적으로 다른 나라에 속해져서 국가의 권리를 상실한 나라를 뜻해요.

라인란트 지역
독일의 라인 강을 중심으로 양쪽에 널리 펼쳐져 있는 지역이에요.

제1차 세계 대전이 끝난 뒤인 1919년 6월 28일 프랑스 베르사유 궁전에서 31개의 **연합국**은 전쟁을 일으킨 나라에게 책임을 묻기 위해 베르사유 강화 조약을 맺었어요. 이 강화 조약으로 독일은 해외 **식민지**를 잃고 전쟁 배상금을 물어야 했지요. 또한 병력의 제한을 받고 라인 강 동쪽 50킬로미터의 지역, 이른바 **라인란트 지역**을 비무장화했어요. 또한 라인 강 서쪽 지역 역시 비무장 지대로서 15년간 연합국의 점령하에 요새를 설치하거나 군대 주둔 및 군대 연습 등을 금지했어요.

베트남 평화 조약과 비무장 지대

베트남 전쟁
베트남의 독립과 통일을 위해 벌인 전쟁이에요. 1960년에 결성된 남베트남 민족 해방 전선이 미군과 싸워 이겼어요.

1968년 베트남 전쟁을 끝내고 평화를 회복하기 위해 미국과 북베트남이 만나 시작하게 된 평화 협상은 1969년에 남베트남 정부와 베트남 민족 해방 전선(NLF)이 참가하게 되었어요. 그러다가 1973년 1월 27일 프랑스 파리에서 평화 협정을 체결하게 되었지요. 이 조약에는 북위 17도선은 두 나라가 통일될 때까지 분계선으로 남아 있게 된다는 내용이 담겨 비무장 지대에 대한 규정을 두고 있어요.

터키 해협과 비무장 지대

제1차 세계 대전이 끝난 뒤 또 다른 패전국인 오스만 제국과 연합국 사이에도 강화 조약이 체결되었어요. 1920년 8월 10일 프랑스의 세브르에서 체결된 세브르 조약에 따르면 흑해와 마르마라 해를 연결하는 보스포루스 해협과 에게 해에서 흑해로 통하는 다르다넬스 해협을 국제적으로 관리하고 그 접경 지역은 비무장화한다는 규정을 두었어요. 그 이후에 세브르 조약을 개정한 로잔 조약을 체결하고, 터키 안에 두 개의 비무장 지대를 설치했어요.

이집트와 이스라엘의 평화 협정

4차례에 걸친 이집트와 이스라엘의 전쟁으로 경제적인 피해와 국민들의 전쟁 반대가 갈수록 커져 이집트와 이스라엘은 평화 조약을 체결하게 되었어요. 이 평화 조약은 아랍과 이스라엘 사이에 벌어진 중동 전쟁 가운데 아랍 국가와 이스라엘이 체결한 최초의 평화 조약이에요. 이집트와 이스라엘의 평화 조약은 1973년 3월 26일 워싱턴에서 이루어졌어요. 제4조에 이집트와 이스라엘 영토에 배치 제한 지대라는 비무장 지대를 둘 것을 정해 놓았어요.

 오스만 제국

오스만 1세가 소아시아에 세운 이슬람 제국으로, 지금의 터키를 뜻해요.

중동 전쟁

1948년 이스라엘 독립 이후, 이스라엘과 아랍의 여러 나라 사이에 벌어진 네 차례의 전쟁이에요. 1979년에 미국의 중재로 이집트와 이스라엘이 평화 조약에 서명함으로써 30년간의 전쟁 상태가 끝났어요.

여기서 잠깐!

비무장 지대에 대해 알아보아요!

비무장 지대의 설명 중 옳은 것에는 ○표, 틀린 것에는 ×표를 하세요.

① 역사적으로 비무장 지대는 우리나라에만 있어요. ( )
② 전쟁 같은 무력 충돌이 일어날 가능성이 있는 곳에 설치해요. ( )
③ 휴전 협정이나 평화 협정을 맺은 뒤에 일어날 수 있는 충돌을 막기 위해 설치해요. ( )

정답은 56쪽에

과거와 미래가 공존하는 철원

한국 전쟁 당시 중부 전선 지역은 격렬한 전투가 많이 벌어졌던 지역이에요. 특히 철원은 중부 전선의 전략적 요충지이자 북한군의 본거지였어요. 그래서 이 지역을 차지하기 위해 남북 모두 치열한 전투와 큰 희생을 치렀지요.

이런 역사를 지닌 철원은 우리나라에서 가장 넓고 긴 비무장 지대를 포함하고 있는 곳으로, 전 지역이 안보 관광지일 정도로 전쟁의 많은 상처를 지니고 있는 땅이에요.

드넓은 평야와 높고 큰 산의 산세를 따라 철책이 끝없이 이어지고 있는 철원은 비무장 지대를 품고 있어서 자연환경이 꽤 잘 보존되고 있는 곳이기도 하지요. 슬프지만 아름다운 철원 지역으로 함께 떠나 보아요!

이런 순서로 돌아보아요

승일교 → 철의삼각전적관 → 고석정 → 제2땅굴 → 철원 평화전망대 →
아이스크림 고지 → 월정리역 → 구철원 유적지 → 노동당사 → 백마고지
→ 도피안사

미리 알아두어요

• 철원 비무장 지대 관광은 고석정 관광안내소에서 신청할 수 있어요.
  (문의 : 고석정 관광안내소 033–450–5559)

• 안보 투어 입장료

어른	청소년	어린이
2,000원	1,500원	1,000원

  * 고석정 출발, 백마고지역 출발 안보 투어와 승리 전망대 투어가 있어요.

• 매주 화요일, 명절, 어린이날에는 갈 수 없어요.

• 정해진 시간에만 들어갈 수 있어요.

철책 안에 있는 철원 비무장 지대의 모습이에요.

승일교와 철의삼각전적관

아치

다리를 지탱하기 위해서 걸쳐 놓은 곡선형 구조물을 말해요. 활이나 무지개같이 한가운데는 높고 구부러진 모양이에요.

한탄강에 놓인 가장 오래된 다리가 바로 승일교예요. 이 다리는 북한에서 건설을 시작한 뒤 남한에서 완공한 것으로 튼튼하고 아름다워요. 승일교의 **아치** 모양을 자세히 살펴보면 부분적으로 달라요. 1948년 북한이 공사를 시작하였지만 한국 전쟁으로 완성하지 못하고 있다가 1958년 남한에서 다리의 나머지 부분을 만들어 10년에 걸쳐 완성되었기 때문이죠. 북한에서 만든 부분은 아치가 둥글고 폭이 좁은데 비해, 남한에서 만든 부분은 둥그런 네모 형태에 폭이 넓어요.

승일교는 임진각의 '자유의 다리'와 판문점의 '돌아오지 않는 다리'와 함께 남북 분단의 상징으로 매우 뜻 깊은 유적지예요. 승일교 옆에 한탄대교가 들어서면서 차로는 승일교를 건널 수 없게 되었지만 걸어서 건널 수는 있어요. 두 발로 직접 승일교를 건너가 보는 것은 어떨까요? 한때는 이곳에서도 치열한 전투가 벌어졌겠지요? 나라를 지키기 위해 애쓴 분들을 떠올리며 경건한 마음으로 승일교를 건너 보아요.

한탄강 중류 지점에 놓여 있는 승일교는 총길이 120미터, 높이 35미터, 폭 8미터의 다리야. 한국의 '콰이강의 다리'라고도 하지.

승일교 옆의 한탄대교를 따라 1킬로미터 정도 가면 철의삼각전적관이 도로 왼쪽에 보여요.

철의삼각전적관은 한국 전쟁 당시 치열한 전투가 벌어졌던 철의삼각지 전투를 기념하는 곳이에요. 국내 최대의 **안보** 교육장으로 1989년에 문을 열었어요. 건물 안에는 북한의 다양한 물품들을 전시하고 있으며, 건물 밖 전시장에는 한국 전쟁 당시의 전투기들을 볼 수 있어요. 그런데 현재 북한 사람들의 삶을 짐작해 보기에는 전시하고 있는 물품들이 시간이 조금 지난 것들이어서 아쉬움이 남아요.

철원의 비무장 지대를 답사하려면 이곳 철의삼각전적관을 반드시 들러야 해요. 민통선 안에 들어가기 위한 통행증을 이곳에서 발급하기 때문이죠. 함께 온 사람 중 한 명의 신분증을 맡기고 입장료를 내면 통행증을 줘요. 그리고 안내 공무원의 친절한 설명을 듣고 철의삼각전적관을 둘러보아요. 철원 비무장 지대를 한눈에 볼 수 있는 그림 지도를 받는 것도 잊지 말고요.

철의삼각지

한국 전쟁이 한창일 때 미 8군 사령관인 밴 플리트 장군은 "적군이 전선의 생명선으로 사수하려고 하는 철원, 평강, 김화의 철의삼각을 무너뜨려야 한다."라는 명령을 내림으로써 철의삼각지에서는 치열한 혈전이 벌어졌고, "철의삼각지"라는 말도 생겨났어요. 즉 철원, 평강, 김화로 이어지는 북측 삼각의 선을 일컫는 말이에요.

 안보

'안전 보장'을 줄여서 이르는 말이에요.

철의삼각전적관

안보 및 전적지 발굴 보존 사업을 추진하여 국내 최대의 안보 교육장인 철의삼각전적관을 지상 2층. 지하 1층 건물로 만들었어요.

건물 밖 전시장에는 각종 항공기와 탱크 등 군사 장비가 전시되어 있어요.

건물 안에는 북한의 생활을 알 수 있는 많은 자료들이 전시되어 있어요.

기암절벽으로 둘러싸인 고석정

명승지
경치가 좋기로 이름난 곳을 말해요.

협곡
단단한 암석이 수직에 가까운 절벽으로 깎여 형성된 좁고 깊은 계곡이에요.

고석정

한탄강 중류에 위치한 고석정은 철의삼각전적관 바로 뒤에 있어요. 일찍이 신라 진평왕과 고려 충숙왕이 노닐며 구경하였다는 **명승지**인데, 조선 시대 명종(1545~1567) 때의 의적 임꺽정의 활동 무대로도 널리 알려져 있지요. 언뜻 보기에는 평평한 땅이지만 갑자기 땅이 움푹 꺼지면서 **협곡**을 이루고 있는 매우 특이한 지형이에요.

강 양쪽은 절벽으로 이루어져 있는데, 강 한쪽에는 높이 10미터 정도의 큰 기암봉(고석암)이 있어요. 그곳이 바로 임꺽정이 숨어서 활동했던 자연 석굴이라고 해요. 강 건너편도 임꺽정이 돌로 성을 높이 쌓아 본거지로 삼았던 곳이라고 해요. 이곳에 숨어 살던 임꺽정을 잡으러 관군이 오자 물고기로 변해 한탄강으로 뛰어들었다는 전설이 전해지고 있어요.

여름에는 피서객들의 래프팅 장소로 인기가 있고, 겨울에는 강물이 얼어붙기 때문에 강 가운데로 내려가서 경치를 즐길 수 있어요. 고석정은 언제 찾아도 아름다운 경치를 간직한 곳이에요.

고석정에서 바라본 풍경
뛰어난 장인이 오랜 세월 깎고 다듬은 듯한 기암절벽이 양쪽으로 웅장하게 둘러쳐져 있어요.

임꺽정! 그는 누구인가?

조선 시대 대표적인 의적*을 이야기할 때 빠지지 않는 사람이 바로 임꺽정이에요. 홍길동, 장길산과 더불어 3대 의적이라고 불리는 임꺽정은 경기도 양주의 천민* 출신이었어요.

임꺽정이 활동하던 16세기 조선은 백성들의 힘든 생활이 극에 달해 있었어요. 살기 어려운 데다 희망조차 없던 백성들은 임꺽정을 중심으로 의기투합*했어요. 임꺽정은 황해도 구월산을 비롯해 평안도, 강원도, 서울까지 넘나들면서 관청이 백성들에게 긁어모아 서울로 보내

고석정 입구의 임꺽정 동상

려는 물품들을 빼앗거나 양반, 부자의 집을 쳐들어가 재산을 빼앗았답니다. 이런 임꺽정을 잡기 위해 조선 조정은 전국 각지로 토벌군*을 보내고 많은 현상금도 걸었지만 모두 허사였어요. 왜냐하면 백성들이 임꺽정을 몰래 도와주었기 때문이죠. 결국 조선 조정은 임꺽정 무리를 잡기 위해 대대적인 작전을 벌여 임꺽정의 참모*인 서희를 붙잡았어요. 그 뒤 임꺽정 무리는 관군에게 쫓기게 되었지요.

1562년 1월, 남치근이 지휘하는 토벌대가 구월산을 포위하고 공격하자 임꺽정은 고슴도치처럼 온몸에 토벌대의 화살을 맞아 죽고 말았답니다. 임꺽정이 죽은 뒤에도 그의 영웅적인 활약상은 민중들의 입에서 입으로 전해져 내려왔는데, 일제 강점기에 홍명희라는 작가가 구전되어 오는 이야기를 모아 소설 '임꺽정'을 써 오늘날에도 우리가 임꺽정의 이야기를 읽을 수 있게 되었어요.

* **의적** : 나쁜 관리들의 재물을 훔쳐다가 가난한 사람을 도와주는 의로운 도적을 일컫는 말이에요.
* **천민** : 신분이 낮고 천한 백성을 말해요.
* **의기투합** : 마음이나 뜻이 서로 맞는 것을 말해요.
* **토벌군** : 무력으로 쳐 없애는 임무를 가진 군대를 말해요.
* **참모** : 윗사람을 도와 어떤 일을 꾸미는 데에 참여하는 사람이에요.

분단의 현실을 말해 주는 제2땅굴

제2땅굴은 개인이 혼자 들어갈 수가 없어요. 고석정 옆 철의삼각전적관에 출발 30분 전까지 도착하여 출입 신고를 하고 출입증을 받아서 책임 인솔자를 따라 차를 타고 들어가요.

땅굴에 가기 위해서는 통제소에서 신분 확인을 받아야 해요.

키가 큰 친구들은 모자를 받아 쓰도록 해요. 땅굴 천장이 울퉁불퉁해서 머리를 부딪힐 수도 있거든요.

제2땅굴은 북한이 파놓은 기습용 지하 땅굴로, 그동안 발견된 땅굴 가운데 최대 규모예요. 경계 근무를 서던 한국군 병사가 땅속에서 울리는 폭발 소리를 듣고, 시추 작업을 통해 발견한 땅굴이에요.

땅굴 발견시 우리 군인들이 살피러 들어갔다가 북한군의 공격으로 8명의 전사자가 발생하여, 그들을 추모하는 위령탑이 세워졌어요.

제2땅굴 입구에서 50~60미터 내려가면 땅굴이 나와요.

제2땅굴 내부
위쪽에 흰색 동그라미가 표시된 부분은 굴착기 자국이에요.

군인 아저씨가 땅굴 속 모습을 소개하고 있어요.

북한이 남한 몰래 쳐들어오기 위해 만든 지하 땅굴은 지하 50~160미터에 총 3.5킬로미터 규모로 군사 분계선 남쪽으로 1.1킬로미터까지 파내려 온 상태였지요. 대규모로 침투가 가능하도록 특수 설계되어 시간당 16,000명~3만 명 정도의 무장한 군사들을 투입할 수 있는 엄청난 땅굴이래요.

제2땅굴 입구 바로 앞에는 '정전 20061일'이라고 적힌 게시판이 있어요. 땅굴을 방문했을 때는 정전 20061일 이었지만 하루가 지날 때마다 숫자가 1씩 더해지지요. 정전이란 전쟁 중인 두 나라가 서로 합의를 통해 일시적으로 전투를 중단한 상태를 말해요. 앞서서 휴전선이라고 배웠죠? 바로 휴전과 같은 뜻

땅굴 입구의 모습이에요.

이에요. 어서 빨리 '정전'이라는 글자 대신에 '통일' 20061일이라고 쓰여졌으면 좋겠어요.

땅굴에 가면 어김없이 나오는 이야기가 있어요. "이 땅굴은 북한 괴뢰 정권이 남침을 목적으로……." 제2땅굴 속에도 이러한 이야기가 많이 적혀 있는데, 이 글들을 보면 참으로 가슴이 아파요. 도대체 우리는 같은 민족인 북한을 왜 적으로 생각할까요? 물론 북한이 땅굴을 판 것은 잘못된 행위이지요. 하지만 땅굴을 누가 어떤 목적으로 팠느냐는 이제 더 이상 중요하지 않아요. 우리 앞에 있는 이 땅굴은 같은 민족이 적이 될 수밖에 없는 분단의 현실과 아픔을 말해 주고 있어요.

통일이 된다면 땅굴을 어떻게 이용하면 좋을까요? 통일이 되는 그날 분단의 비극적 상처가 서린 유물이 될 수도 있고, 다양한 가능성을 갖고 있는 관광 자원이 될 수도 있어요. 이곳을 통해 지하 모노레일을 만들어 북쪽 금강산 여행을 가는 상상을 해 보세요. 생각만으로도 신나지 않나요?

땅굴 속에서 발견된 장비들과 흔적들이에요.

철원 평화전망대와 아이스크림 고지

제2땅굴을 둘러본 뒤 차를 타고 이동해서 도착하는 곳이 바로 철원 평화전망대예요. 월정전망대를 대신하여 2007년에 새롭게 문을 연 철원 평화전망대는 철원에서 연천에 이르는 지역 중에서 가장 북쪽에 있는 전망대예요. 초정밀 망원경 시설과 함께 최첨단 기술로 제작된 지형 축소 모형을 통해 가슴 아픈 민족 분단의 현실을 생생하게 보고 들을 수 있는 곳이에요.

특히 관광객들의 편의를 위해 설치한 최신형 모노레일 카를 타고 주변의 **동송저수지**와 아이스크림 고지 등을 볼 수 있어요.

동송저수지
일제 강점기부터 사용하던 봉래호의 물줄기를 북한이 차단하자 우리나라가 농업 용수를 확보하기 위해 만든 인공 저수지예요.

평화전망대에서 바라본 철원 평야의 모습이에요. 쌍안경을 통해 북한군의 모습도 볼 수 있어요.

모노레일 카
매표소부터 평화전망대까지 운행되는 모노레일 카는 철원 평야와 동송저수지 및 분단의 현장 비무장 지대 등 철원 주변을 한눈에 감상할 수 있어요.

철원 평화전망대 1층에는 한국 전쟁에 대해 정보를 제공하는 전시관이 있어요. 2층은 관람관으로 비무장 지대 내의 자연 생태, 궁예 도성의 성곽, 평강 고원 지대, 북한 선전마을을 볼 수 있어요.

철원 평화전망대를 지나 동송읍으로 가면 벌판 한가운데 우뚝 솟은 자그만한 산이 있어요. 아이스크림 고지로 더 잘 알려진 삽슬봉은 예전에 이 산 밑에 삽송리라는 마을이 있어서 삽송봉으로 불렸고, 그 모양이 투구 모양처럼 생겼다고 해서 투구봉이라고 부르기도 했다고 해요. 삽슬봉은 고려와 조선 시대에 봉수대가 있었던 곳으로, 해발 219미터의 야트막한 산이에요. 하지만 이 산은 전투할 때 매우 유리한 지형이에요. 그래서 한국 전쟁 때 양측 모두 이곳을 차지하기 위해 처절한 전투를 벌였어요. 그 결과 무려 3미터 정도나 산이 깎여 나갔어요. 산이 폭격을 당해 무너져 내린 모습이 마치 아이스크림이 녹아 흘러내리는 모습처럼 생겼다고 해서 '아이스크림 고지'란 별명이 붙었다고 해요.

얼마나 집중적으로 공격을 받았으면 아이스크림이 녹아 흐르듯 산이 흘러내렸을까요? 지형조차 순식간에 바꾸어 버리는 전쟁의 흔적을 보여 주는 정말 가슴 아픈 역사의 현장이에요. 다시는 이런 일이 일어나지 않도록 해야겠지요?

 봉수대

멀리 바라보기 좋은 높은 산 봉우리에서 밤에는 햇불을, 낮에는 연기를 올려 외적이 침입하거나 난리가 일어나는 등 나라의 위급한 소식을 전하기 위해 설치한 굴뚝을 말해요.

얼마나 집중적으로 공격을 받았으면 산이 3미터 정도나 깎여 나갔을까?

아이스크림 고지

궁예의 혼(흔적)이 담긴 궁예도성

신라에서 왕자로 태어났던 궁예는 나라를 멸망시킬 것이라는 예언 때문에 버려졌어요. 버려지는 과정에서 한쪽 눈을 잃고 애꾸눈이 되어 유모의 손에서 키워졌답니다. 어려서부터 활쏘기를 잘해 궁예라는 이름이 붙여졌지요.

궁예는 병졸들과 함께 생활하면서 그들의 어려움을 나누었고, 상과 벌을 줄 때 개인적인 감정을 내세우지 않아 많은 사람들의 마음을 얻었어요. 여러 사람들이 그를 존경하여 장군으로 추대하자 자신감에 찬 궁예는 한강 이북에서 가장 큰 세력으로 성장해 후고구려를 건국했어요. 송악(개성의 옛 이름)을 수도로 삼았다가 철원으로 도읍을 옮긴 뒤 더욱 세력을 크게 떨치며 나라 이름도 태봉으로 바꿨어요. 그리고 통일 신라, 후고구려, 후백제로 나뉘어져 있던 후삼국 통일에 대한 야망을 키워 갔지요.

궁예는 전쟁을 치르면서도 화려한 궁궐을 지었어요. 그곳이 지금 우리가 보고 있는 궁예도성 터예요. 안타깝게도 지금은 흔적조차 거의 남아 있지 않고 궁예도성 터의 남북 경계가 비무장 지대의 남쪽과 북쪽 한계선과 거의 일치하기 때문에 그마저도 가까이서 바라보지 못하고 평화전망대 안의 설명을 보면서 상상해야 해요. 우리가 가지 못하는 이곳이 마치 갇힌 궁예의 꿈을 상징적으로 보여 주는 것 같지 않나요?

날씨가 화창한 날에는 토성의 흔적으로 추정되는 것을 어렴풋하게 볼 수 있어요. 궁예는 백성과의 친밀감을 강조한 미륵 사상*에 따라 성벽을 낮게 지었다고 해요.

궁예도성 모형도

궁예도성 터
궁예는 오늘날 남한강과 한강 유역 일대인 중부 지역을 장악하는 큰 세력을 형성하였어요.

역사에서 궁예는 사실보다 나쁘게 기록되어 있다는 주장도 있어요. 대부분 궁예가 민심을 잃어 쫓겨나자마자 바로 목숨을 잃었다고 알고 있는데, 사실 궁예는 왕건에 의해 쫓겨난 뒤 여러 곳에 산성을 쌓으면서 오랫동안 싸웠다고도 해요. 그것이 사실이라면 그만큼 궁예가 그 지역 백성들의 지지를 얻었다는 것을 알려 주는 것은 아닐까요? 또한 이 지역에서 종종 볼 수 있는 궁예 미륵불*상은 이 지역 백성들이 궁예를 긍정적으로 생각했다는 증거라고 할 수 있어요.

　　궁예는 고구려를 계승하면서 고구려의 여러 제도들을 많이 이어 갔어요. 918년에 왕건이 궁예를 내쫓고 세운 나라인 고려도 고구려를 계승한다는 뜻에서 붙여진 거예요. 고려가 고구려 계승 의지를 갖게 된 것과 발해 유민을 받아들이고 민족을 재통일할 수 있었던 데에는 궁예의 영향이 있었지요.

　　궁예도성 안쪽에는 우물과 석등 등의 유적이 많이 남아 있다고 해요. 그러나 지금은 비무장 지대 사이에 있어서 직접 가서 볼 수는 없어요. 통일이 된다면 궁예의 흔적들을 찾아 그곳으로 떠나 볼 수 있을 거예요.

* **궁예의 미륵 사상(신앙)** : 미륵불을 믿는 신앙이에요. 궁예는 미륵 사상을 통해 나라의 경제력을 넉넉히 하고 군사력도 튼튼하게 하여 미륵의 세상을 만들고자 했어요.
* **미륵불** : 미래에 나타나 세상을 구원할 부처를 말해요.

여기서 잠깐!

후삼국 시대의 역사를 알아보아요!

후삼국 시대의 역사와 관련된 다음 물음에 답해 보세요.

① 후삼국 시대의 '후삼국'에 해당하는 나라 이름을 써 보세요.

_____

② 후삼국을 건국한 사람은 누구인가요?

・후백제 : _____　　・후고구려(태봉) : _____

☞정답은 56쪽에

25

철마는 달리고 싶다, 월정리역

월정리역

월정리역에 있는 녹슨
철마의 모습이에요.

철원 평화전망대에서 나와 차를 타고 가다 보면 자그마한 역이 보여요. 바로 월정리역이에요. 서울과 원산을 연결하는 경원선 철길을 달리던 기차가 지금은 한국 전쟁으로 월정리역에 멈춰 있어요. 한국 전쟁 당시 폭격에 주저앉아 전쟁 전에 활발히 움직이던 기차의 기적 소리를 더 이상 들을 수 없게 된 것이에요.

철도역 팻말에 적혀 있는 '철마는 달리고 싶다.' 라는 글귀는 더 이상 철길도, 사람도 앞으로 나아갈 수 없는 안타까운 우리의 분단 현실을 이야기해 주지요.

이 월정리역 옆에는 철의삼각전망대가 있는데, 철원에 평화전망대가 생기기 전까지 이용했던 곳이에요.

월정리의 슬픈 전설, 달 우물 이야기

아주 먼 옛날 이곳 어느 산골에 이름 모를 병으로 고생하는 홀아버지와 아픈 아버지를 지성으로 봉양하는 딸이 살고 있었어요. 효성이 지극한 딸은 아버지의 병을 낫게 해 달라고 밤마다 달님께 빌었어요. 그러던 어느 날 밤 달님께 소원을 빌다가 잠이 들어 버렸지요. 그러자 딸의 꿈속에 백발도사가 나타나서 "나는 달의 화신이다. 너의 정성이 지극하구나. 집 옆 바위 위에 가 보면 물이 고여 있을 것이다. 달이 지기 전에 너의 손으로 천 모금을 길어 아버지께 드리면 병이 나을 것이다."하고 일러 주었어요. 얼마 남지 않은 달은 서쪽으로 기우는데 가련하고 효성이 지극한 딸은 온 몸이 바위에 부딪혀 찢겨져 피를 흘리면서도 가냘픈 손으로 드디어 천 번째 물을 길어 날랐어요. 달은 지고 아버지의 병은 나았으나 효녀는 아버지의 입에 손가락을 물린 채 숨을 거뒀어요. 그 뒤 물이 고였던 자리는 달의 우물이라 불렸고, 마을도 월정리라고 불리게 되었답니다.

구철원 유적지에 있는 방치된 유적

철원 평화전망대를 나와 월정리역을 지나 초소에 닿기 전에 있는 구철원 시가지*에는 한국 전쟁의 소용돌이 속에서도 살아남은 여러 유적들이 있어요. 신호등과 이정표만 남아 있는 구철원역, 제2금융 조합, 제일 감리 교회, 농산물 검사소, 제사 공장, 얼음 창고 등은 옛 철원의 모습과 동시에 오늘날 철원의 아픔을 함께 간직하고 있지요. 덩그러니 쓸쓸하게 서 있는 이 건축물들을 그냥 지나치지 말고, 지니고 있는 의미를 떠올려보며 어떻게 보존하면 좋을지 생각해 보아요.

제2금융 조합 건물

1936년경 철원군 안에 있는 4개의 금융 기관 중 하나였어요. 한국 전쟁으로 건물은 현재 철근 콘크리트로 올린 금고와 극히 일부의 벽체만 남은 채로 버려져 있어요. 이 건물은 일제 강점기의 철원 지역 발전 모습과 금융 기관 건축 스타일, 전쟁의 피해를 함께 보여 주는 중요한 문화유산이에요.

얼음 창고

이 얼음 창고는 일제 강점기인 1930년대에 세운 건물로, 겨울에 산명호의 자연 얼음을 채취하여 보관하였다가 여름에 각 업소에 판매하던 곳이에요. 현재는 벽체 일부만 남아 있어요. 단층의 단순한 콘크리트 건축물이지만 얼음 창고의 변화와 당시 철원 지역의 번영을 알려 주는 유적이에요.

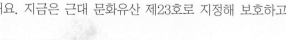

농산물 검사소

일제 강점기에 철원 평야에서 나오는 각종 농산물의 품질을 검사했던 기관이에요. 이 건물은 광복 이후에 북한 관할이 되었는데, 주로 반공 인사*들을 찾아내고 조사하는 데 이용되었다고 해요. 이 건물 역시 다른 건물들과 마찬가지로 한국 전쟁 때 많이 훼손되었지만, 당시 건축물의 특징을 잘 보여 주는 중요한 문화유산이에요.

제일 감리 교회

1936년에 세워진 큰 교회로 광복 이후에는 철원 지역의 공산주의자를 찾는 데 앞장서기도 했던 곳이에요. 당시, 인민군 병원으로 이용되었으며 지하실은 양민 학살의 장소로 사용되었다고 해요. 지금은 근대 문화유산 제23호로 지정해 보호하고 있어요.

* **시가지** : 도시의 큰 길거리를 이루는 지역을 뜻해요.
* **반공 인사** : 북한의 공산주의를 반대한 사람들을 말해요.

평화를 꿈꾸는 곳, 노동당사

독재

특정한 개인이나 단체가 어떤 분야에서 모든 권력을 차지한 것을 말해요.

애국 지사

백범 김구 선생님처럼 나라를 위해 노력하고 희생한 분들을 말해요.

학살

가혹하게 마구 죽이는 것을 일컫는 말이에요.

살육

무엇을 트집 잡아 사람을 마구 죽이는 것을 일컫는 말이에요.

노동당사 안쪽 벽의 낙서

옛 철원의 여러 건축물들을 지나 검문 초소를 거쳐 나오면 오른쪽에 큰 건물이 파괴된 채로 서 있어요. 바로 노동당사예요. 이곳은 38도선 이북 지역이기 때문에 한국 전쟁 이전까지는 북한에 속해 있었어요.

북한이 광복 후 공산 독재를 강화하고 주민을 통제하기 위해 만든 이 건물은 한국 전쟁 전까지 북한 노동당 철원군 당사로 쓰였던 곳이에요. 이곳에서는 북한에 속해 있던 5년 동안 철원, 김화, 평강, 포천 일대의 농민들을 수탈하고 애국 지사들을 체포해 고문하고 학살하는 등 소름끼치는 만행이 이루어졌어요. 한번 이곳에 끌려 들어가면 시체로 나오거나 반죽음이 되어 나온다는 소문이 돌 만큼 무자비한 살육을 저지르던 곳이기도 했어요. 노동당사 뒤에 있는 방공호에서는 사람의 뼈와 함께 고문, 학살에 사용된 수많은 실탄과 철사줄 등이 발견되기도 했지요.

한국 전쟁 당시 많이 파괴되어 현재는 건물 벽체만 남아 있어요. 계단에는 탱크 바퀴 자국이, 건물 곳곳에는 탄환 자국이 보여요. 멀찍이 바라볼 때는 쓸쓸하고 차갑게 느껴져도 가까이 다가가 사람들이 벽에 남긴 낙서들을 보면 피식 웃음이 나온답니다.

노동당사

이 노동당사 건물에서는 '열린음악회' 등 각종 행사가 열렸으며, 서태지와 아이들의 '발해를 꿈꾸며' 뮤직 비디오가 촬영되기도 했어요. 분단의 상징이던 노동당사에서 이제부터는 평화와 통일을 꿈꿔 보아요.

여기서 잠깐! 함께 불러 본 뒤 아래 문제를 풀어 보아요!

발해를 꿈꾸며

서태지와 아이들

진정 나에겐 단 한 가지 내가 소망하는 게 있어
① 갈라진 땅에 친구들을 언제쯤 볼 수가 있을까
망설일 시간에 우리를 잃어요

② 한 민족인 형제인 우리가 서로를 겨누고 있고
우리가 만든 큰 욕심에 내가 먼저 죽는 걸
진정 너는 알고는 있나
전 인류가 살고 죽고 처절한 그 날을 잊었던 건
아니었겠지

③ 우리 몸을 반을 가른 채 현실 없이
살아갈 건가
치유할 수 없는 아픔에 절규하는 우릴 지켜 줘
시원스레 맘의 문을 열고
우리와 나갈 길을 찾아요
더 행복할 미래가 있어 우리에겐

언젠가 나의 작은 땅에 ④ 경계선이
사라지는 날
많은 사람이 마음속에 희망들을 가득 담겠지
난 지금 평화와 사랑을 바라요
젊은 우리 힘들이 모이면 세상을 흔들 수 있고
우리가 서로 손을 잡은 것으로 큰 힘인데

우리 몸을 반을 가른 채 현실 없이 살아갈 건가
치유할 수 없는 아픔에 절규하는 우릴 지켜 줘
갈 수 없는 길에 뿌려진 천만 인의 눈물이 있어
나에겐 갈 수도 볼 수도 없는가

저 하늘로 자유롭게 저 새들과 함께 날고 싶어
우리들이 항상 바라는 것
서로가 웃고 돕고 사는 것
이젠 함께 하나를 보며 나가요

1. 이 노래의 제목은 '발해를 꿈꾸며'이지만 발해에 대해서는 한 마디도 나오지 않아요. 그렇다면 이 노래 속에 발해는 무엇을 상징하는 것일까요?

( )

2. 이 노래 가사 중 ①~④가 의미하는 바는 무엇일까요?
① _____
② _____
③ _____
④ _____

보기 · 휴전선 · 한국 전쟁 · 대한민국(한반도) · 분단된 남과 북의 현실

☞ 정답은 56쪽에

백마고지와 도피안사

백마고지는 한국 전쟁 당시 가장 피비린내 나는 격전지로 고지의 주인이 24번이나 바뀌었어요.

🐎 **백마**
흰 말을 일컫는 말이에요.

백마고지 위령비

노동당사를 둘러보고 우리가 갈 곳은 바로 백마고지예요. 백마고지에서 아래를 내려다보면 철원 평야가 한눈에 들어와요. 그래서 이곳을 차지하기 위해 한국 전쟁 당시 치열한 전투가 벌어졌어요. 1952년 이곳 백마고지를 놓고 국군과 중공군은 서로 양보할 수 없는 전투를 벌였는데, 이때 사용된 포탄만도 약 30만 발이래요. 이처럼 심한 포격으로 산의 높이가 1미터나 낮아져 산은 본래의 모습을 잃어버렸어요. 처참하게 변한 그 모양이 마치 **백마**가 누워있는 것 같다고 하여 백마고지란 이름이 붙여졌다고 해요. 남한은 이 전투에서 크게 승리를 해 휴전을 앞두고 군사상 중심지를 확보하게 되었으며, 우리 군이 휴전 회담에서 계속 유리한 입장을 지킬 수 있었대요. 남한이 백마고지를 차지하자 김일성은 3일간 아무것도 먹지 않고 울었다는 이야기가 전해지고 있어요.

백마고지는 비무장 지대 안에 있기 때문에 들어갈 수는 없답니다. 그 대신 백마고지와 마주한 언덕에는 백마고지 전투에서 전사한 장병들의 넋을 기리기 위해 세운 백마고지 전적기념관과 기념비가 있어요. 그곳에서 백마고지 전투를 떠올리며 그 당시 치열했던 우리 민족의 현실을 잠시 생각해 보아요.

철원 평야가 한눈에 보이는 백마고지예요.

도피안사 삼층석탑

도피안사 철조비로자나불좌상

　분단의 아픔을 느끼고 돌아서 나오는 곳에 도피안사라는 이름의 작
고 아담한 절이 있어요. 도피안사는 노동당사에서 남동쪽으로 1킬로
미터 정도 거리에 있어요. 철원 평야의 가운데에 있는 야트막한 동
산 안에 자리 잡고 있으며, 사실 가장 북쪽에 자리하고 있다고 해도
될 만큼 북쪽으로 치우쳐 있어요.

　신라 경덕왕 때 도선국사가 철불(철로 만든 불상)과 삼층석탑을 만들
어 근처의 다른 절로 운반하던 중 철불이 없어졌대요. 그 뒤 행방을
찾아보니 지금의 이곳에 철불이 있었대요. 이것을 보고 도선국사가
불상이 앉았던 자리에 절을 만들고 부처가 영원한 안식처인 **피안**에
이르렀다 하여 '도피안사'라 이름을 지었다고 해요.

　도피안사는 한동안 민통선 안에 자리 잡고 있어서 일반인들이 들어
갈 수 없었으나 민통선이 북쪽으로 좀 더 올라가게 되면서 이제는
자유롭게 찾아갈 수 있어 사람들과 더욱 가까워졌어요.

　도피안사는 철조비로자나불좌상이 유명해요. 이 불상은 분단의 아
픔을 안고 살아가고 있는 철원 평야를 미소를 띤 채 바라보고 있어
요.

 피안

저쪽 기슭이라는 말인데, 불교
에서는 극락정토 또는 깨달음
의 기슭으로 건너간다는 뜻으
로 쓰여요.

그 밖에 철원에서 가 볼 만한 곳

철원은 대부분의 지역이 안보교육의 장이라고 불릴 만큼 한국 전쟁과 관련된 유적이나 장소가 많은 곳이에요. 지금까지 우리가 살펴본 곳 외에도 비무장 지대와 관련된 장소로 어떤 곳이 있는지 함께 떠나 보아요.

✿ 끊어진 철길! 금강산 철교

1931년 개통된 금강산 철도는 철원역에서 출발하여 내금강까지 28개의 역을 거쳐 116.6킬로미터를 운행하였어요. 해방과 동시에 금강산 철교는 북한 관할이 되어 전쟁 관련 물자들을 이동하는 철도로 이용되다가 한국 전쟁으로 파괴되었어요. 일부 남아 있는 금강산 철교에는 제작 회사와 제작 연도를 알 수 있는 문구가 붙어 있어요. 금강산 철교는 최근 복원된 경의선 임진각 자유의 다리를 빼고는 휴전선 지역에서 가장 규모가 큰 철교예요.

✿ 승리전망대

휴전선 155마일(248킬로미터) 중 정중앙에 위치한 승리전망대는 북한군의 움직임을 한눈에 볼 수 있는 요새예요. 이곳에서는 망원경으로 배추, 감자 등을 재배하는 북한 사람들을 볼 수 있어요.

가까운 곳에 김시습*이 숨어 지냈던 매월대와 드라마 임꺽정 세트장인 복계산, 상해 계곡 및 원아사가 있어요. 천혜의 자연환경이 그대로 보존되어 있는 곳으로도 유명하지요.

✿ 암정교

암정교는 일제 강점기 때 금강산 철도가 지나가던 다리이자 이 지역에서 가장 웅장하고 멋진 다리로 답교놀이*가 행해졌대요. 하지만 지금은 한국 전쟁 당시의 총탄 자국이 고스란히 남아 있을 뿐이에요. 또한 이 다리는 자유를 찾아 월남*하던 피난민들의 애환이 서려 있답니다.

✿ 저격능선 전투전적비

지금은 갈 수 없는 북한 땅에 위치한 '저격능선'은 승리전망대에 오르면 한눈에 들어와요. '백마고지 전투'와 마찬가지로 '저격능선 전투' 역시 1951년 3월 서울을 재탈환한 이후 38도선을 사이에 두고 벌였던 치열한 전투 중 하나예요. 이 전투는 한국 전쟁이 한창이던 1952년 10월 14일부터 11월 24일까지 6주간에 걸쳐 42회의 백병전*을 거듭하면서 주인이 12차례나 바뀐 처절한 전투였어요. 이러한 저격능선 전투의 전적을 기념하기 위해 육군 제5군단에서 건립한 기념비만이 남아 있어 점점 잊혀져 가는 저격능선 전투를 기억하게 해 주어요.

---

* **김시습** : 조선 시대의 학자로 우리나라 최초의 한문 소설인 《금오신화》를 지었어요.
* **답교놀이** : 다리밟기라고도 하며, 정월 보름날 밤에 다리를 밟는 풍속을 말해요. 이날 다리를 밟으면 일 년 동안 다릿병을 앓지 않으며, 열두 다리를 건너면 일 년 열두 달 동안의 나쁜 운을 면한다고 해요.
* **월남** : 북쪽에서 38도선이나 휴전선 남쪽으로 넘어오는 것을 말해요.
* **백병전** : 칼이나 창, 총검 따위와 같은 무기를 가지고 적과 직접 몸으로 맞붙어서 싸우는 전투예요.

아름다운 강과 바다가 있는 서부 전선

철원의 서쪽 지역은 흔히 서부 전선으로 불려요. 서해 5도*에서 시작하여 한강 하구와 임진강 하구를 지나는 서부 전선은 경기도 북부로 이어지지요. 이곳 서부 전선은 산보다는 강과 평야가 많고 유난히 남북의 거리가 가까워 서해 교전 등의 사건이 일어나기도 했던 긴장감이 감도는 지역이에요. 또한 서해의 밀물과 썰물의 차가 큰 것을 이용해 북쪽 무장간첩의 침투가 끊이지 않았던 곳이기도 하지요. 하지만 이런 대립의 분위기만이 서쪽 지역을 감싸고 있는 것은 아니에요.

2002년에는 도라산역을 개통해 경의선 철도를 복원하는 등 평화 통일의 싹이 조금씩 자라고 있는 지역이기도 하지요.

* 서해 5도 : 인천광역시 옹진군에 속하는 백령도를 비롯해 대청도, 소청도, 연평도, 우도를 말해요.

낮은 구릉과 야산이 지형을 형성하는 서부 전선은
남북의 거리가 가까워 팽팽한 긴장감이 감도는 곳이에요.

남북의 거리가 가까워 긴장감이 다른 지역보다 더욱 강하게 감도는 서부 전선이지만, 앞으로 우리를 평화 통일의 길로 안내할 서쪽 지역으로 함께 떠나 보아요.

이런 순서로 돌아보아요

판문점 → 임진각(자유의 다리) → 통일대교 → 제3땅굴 → 도라전망대 → 도라산역

- 판문점 방문은 월요일과 일요일을 제외하고 매일 실시되며, 1회당 35명 이내로 제한하고 있어요.
- 청바지, 작업복, 반바지 및 기타 노출이 심한 복장은 입어서는 안 돼요.
- 방문 시간을 지켜주세요. 10분 이상 늦으면 견학이 취소된답니다.

긴장감이 맴도는 판문점

공동경비구역 (JSA)
1953년 10월 정전 회담을 위해 유엔측과 공산측(북한·중국)이 만든 구역이에요.

정전 회담
전쟁 중에 있는 쌍방이 전투를 중단하기 위해 토의하는 것을 말해요.

널문리
옛날 어느 임금이 이곳을 지나 강을 건너게 되었어요. 다리가 없어 건너지 못하자. 마을 백성들이 집집마다 대문을 뜯어 임시로 다리를 놓아 임금이 무사히 건널 수 있도록 하였다고 해서 '널문리'라고 불렀다고 해요.

여러분은 영화 '공동경비구역 JSA'를 본 적이 있나요? 이 영화의 배경이 되는 곳이 바로 판문점이에요. 북한군과 우리 국군이 함께 얼굴을 맞대고 있는 가장 가까운 곳이기 때문에 신기하기도 해요. 그러면서도 한편으로는 같은 민족임에도 불구하고 서로 말조차 할 수 없는 슬픈 현실이 가슴 아파요.

판문점은 세계에서 가장 오랫동안 군사 정전 회담이 진행되고 있는 곳으로 전 세계에서도 관심을 갖고 있어요. 한국 전쟁 직후 휴전 회담이 처음에는 개성에서 진행되었으나 유엔 측의 제의로 중립적인 장소로 옮겨져 열리게 되었지요. 유엔이 제안한 중립적인 장소는 바로 당시 널문리 가게 앞에 있던 콩밭이었다고 해요. 휴전 회담에 참여한 중국군 때문에 중국어로 널문리 가게를 판문점으로 표기한 것이 지금까지 이어져 오고 있어요.

판문점
이곳은 공식적으로 유엔군과 북한의 공동 경비구역이라고 불리며 남북한 쌍방, 간의, 행정 관할권이 없는 특수한 지역이에요.

판문점은 공식적으로 유엔군과 북한군이 공동으로 경비를 서는 구역이에요. 안타깝게도 이곳은 우리나라 안에 속해 있지만 남한·북한 양쪽이 관여할 수 없는 특수한 지역이지요. 이 지역의 관리는 유엔군 사령부에서 하고 있거든요. 그나마 2004년 11월에 주한 미군과 한국군이 공동으로 맡아 왔던 판문점 공동경비구역 경비 임무가 한국군에게 모두 넘어왔어요.

군사 분계선 한가운데에는 '돌아오지 않는 다리'가 있어요. 이 다리의 원래 이름은 널문다리였는데, 1953년 남북 휴전 협정 이후 전쟁 포로 교환 과정에서 포로들이 이 다리 위에서 일단 방향을 선택하면 다시는 돌아갈 수 없었기 때문에 '돌아오지 않는 다리'로 불리게 되었어요.

공동경비구역 설치 이후 남북 관계자들은 그 안에서 자유롭게 다닐 수 있었어요. 그러나 판문점도끼만행사건 이후 군사 분계선을 사이에 두고 남북이 나눠서 경비를 하고 있기 때문에 현재는 자유롭게 왕래할 수 없어요.

판문점 평화의 집
판문점 남쪽에 있는 평화의 집에서는 군사·정치·경제 등과 관련된 주요한 회담이 열려요.

판문점도끼만행사건

1976년 8월 18일 판문점 공동경비구역에서 미루나무가 울창해져 관측에 방해가 돼 미루나무의 가지를 치던 중 북한군이 다가와 "나뭇가지를 치지 말라."며 작업 중지를 요구했어요. 그러나 이를 무시하고 계속 작업을 진행하자, 수십 명의 북한군이 트럭을 타고 달려와 도끼와 몽둥이를 휘둘러 미군 장교 2명이 죽고 9명이 상처를 입었지요. 이 사건 이후 미국이 전투 태세를 갖추자 위기감을 느낀 김일성이 유감의 뜻을 전하면서 일단락되었지요. 또 다시 전쟁이 일어날 뻔한 긴장된 사건이었어요.

임진각과 자유의 다리

설날이나 추석에는 민족 대이동이라고 불릴 정도로 많은 사람들이 고향을 찾아가지요? 그런데 고향이 북쪽에 있는 분들이 있어요. 이런 사람들을 '실향민'이라고 해요. 실향민들을 위해 1972년에 정부에서 세운 것이 바로 임진각이에요.

이곳에는 북한의 군사·정치·사회 등 각종 자료를 전시하고 있는 북한관과 한국 전쟁 당시 사용되었던 탱크·비행기 등이 전시된 야외 전시장이 있어요. 또한 실향민들이 명절 때마다 고향을 향해 차례를 지낼 수 있는 **망배**단을 만들어 놓았어요. 그 밖에도 평화 통일을 바라며 만든 평화의 종 등이 있어 고향에 갈 수 없는 분들의 아픔을 달래 주고 있어요.

 망배
대상이 멀리 떨어져 있을 때 그쪽을 바라보고 절을 하는 것을 말해요.

통일연못
자유의 다리 아래에 있는 우리나라 모양의 분수대예요.

임진각
실향민들을 위해 세운 곳이에요.

자유의 다리는 1953년 전쟁 포로 교환 당시 국군 포로를 데려오기 위해, 한국 전쟁 때 폭격을 당해 기둥만 남아 있던 경의선 철교의 서쪽 다리 기둥 위에 철교를 복구하고 그 남쪽에 임시로 만든 나무다리예요. 이 다리를 통해 1만여 명의 전쟁 포로들이 자유를 찾아 돌아왔다 하여 '자유의 다리'라 불리고 있어요.

 전쟁 포로
전쟁 중에 생포 또는 억류된 사람을 일컫는 말이에요.

임진각에서 본 자유의 다리예요.

임진강의 남과 북을 잇는 유일한 통로였던 자유의 다리는 7·4 남북공동 성명 이후 남북 회담 대표들이 지나다닌 길목이었으나, 이제는 통일대교에 그 자리를 넘겨주고 판문점의 '돌아오지 않는 다리'와 더불어 분단의 비극을 상징하는 다리가 되었어요.

여기서 잠깐!

남과 북을 잇는 유일한 통로를 알아맞혀 보세요.

다음 내용에 해당하는 다리의 이름을 써 보세요. (   )

한국 전쟁 때 폭격을 당해 기둥만 남아 있던 철교를 복구하고 그 남쪽에 임시로 만든 나무다리예요. 이 다리를 통해 1만여 명의 전쟁 포로들이 자유를 찾아 돌아왔어요.

| 보기 | ·자유의 다리 | ·평화의 다리 | ·통일의 다리 |

정답은 56쪽에

통일대교와 제3땅굴

통일대교

1998년 6월 15일에 개통된 통일대교는 임진각에서 판문점을 연결하는 곳이에요. 이곳에 도착하면 가장 먼저 통일의 관문이라고 씌어져 있는 것을 볼 수 있지요. '통일의 관문'이라고 쓴 안내판이 이곳의 경계를 짐작케 해요.

이 통일대교를 건너기 위해서는 임진각 DMZ매표소에서 표를 미리 신청해야 해요. 그 뒤에도 통일대교 입구에서 군인 아저씨들의 아주 꼼꼼한 절차를 거쳐야만 민통선 안으로 들어갈 수 있어요.

관문
국경이나 주요 지점의 통로에서 지나가는 사람과 물품을 조사하는 것을 말해요.

남한 침략을 위해 판 제3땅굴

제3땅굴은 1978년 서울에서 불과 52킬로미터 떨어진 곳에서 발견되었어요. 이 땅굴은 현재까지 발견된 땅굴 중 서울과 가장 가까운 곳에 있어요. 제2땅굴과 거의 같은 규모로 무장한 군인 4명이 나란히 함께 걸을 수 있을 만큼 넓어요.

무장
전투에 필요한 장비를 갖춘 것을 말해요.

곳곳에 다이너마이트로 뚫은 흔적들이 있고, 남한을 침략하기 위한 것이라는 사실을 숨기기 위해 까맣게 칠해 놓은 흔적도 볼 수 있어요.

우리 군은 북측이 이 땅굴을 더 이상 사용할 수 없도록 두꺼운 콘크리트 벽으로 3개의 차단벽을 만들어 놓았어요. 우리는 제3차단벽까지 들어갔다 나올 수 있어요.

제3땅굴 내부

분단의 아픔을 보여 주는 땅굴

북한이 남침을 위해 파 놓은 땅굴 중 현재 발견된 땅굴은 모두 4개예요. 땅굴은 발견된 순서대로 번호를 붙이는데, 제1땅굴은 연천에 있고, 일반인들은 들어갈 수가 없어요. 제2땅굴은 철원에서 발견되었고, 제3땅굴이 파주에서 발견되었어요. 그리고 마지막으로 제4땅굴이 동쪽인 양구에서 발견되고 난 이후 더 발견된 것은 아직 없어요. 이런 땅굴을 보면 같은 민족끼리 적으로 생각하는 분단의 현실이 느껴져 마음이 아파요.

하지만, 이러한 분위기 속에서도 남북으로 갈라진 채 50년이 넘도록 살아온 우리 겨레는 다시 하나가 되기 위한 노력들을 하고 있어요. 남북 적십자 회담, 총리 회담, 이산 가족 상봉 등 꾸준한 노력을 해 왔어요. 또한 1998년 11월에는 금강산 관광 길이 열렸으며, 그로부터 9년 후인 2007년 12월에는 개성 관광이 시작되었어요. 이제 남과 북이 통일에 대한 믿음을 가지고 따뜻한 마음으로 서로를 바라보는 준비를 해야 해요.

제3땅굴 내부 구조도

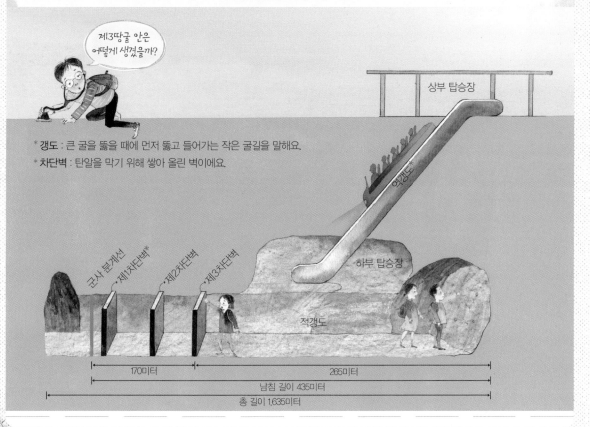

제3땅굴 안은 어떻게 생겼을까?

* 갱도 : 큰 굴을 뚫을 때에 먼저 뚫고 들어가는 작은 굴길을 말해요.
* 차단벽 : 탄알을 막기 위해 쌓아 올린 벽이에요.

상부 탑승장

역갱도

하부 탑승장

군사 분계선　제1차단벽*　제2차단벽　제3차단벽

적갱도

170미터　　　265미터

남침 길이 435미터

총 길이 1,635미터

도라전망대와 도라산역

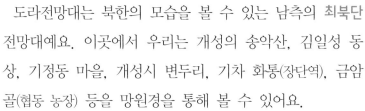

도라전망대의 망원경

🪶 **최북단**
어떤 지역에서 북쪽의 맨 끝을 말해요.

🪶 **구**
공처럼 둥글게 생긴 물체를 말해요.

안보 전시관 앞의 조형물

도라전망대는 북한의 모습을 볼 수 있는 남측의 **최북단** 전망대예요. 이곳에서 우리는 개성의 송악산, 김일성 동상, 기정동 마을, 개성시 변두리, 기차 화통(장단역), 금암골(협동 농장) 등을 망원경을 통해 볼 수 있어요.

안보 전시관 앞에는 갈라진 **구**를 양쪽에서 밀어 붙이는 모습의 조형물이 있어요. 분단된 우리나라의 통일을 바라는 모습 같지 않나요? 여러분도 가서 통일에 대한 마음을 담아 구를 밀어 보세요. 언젠가 통일이 된다면 하나가 된 구를 보며 박수치고 있는 우리들의 모습이 담긴 또 다른 조형물이 생기지 않을까요?

도라산역은 서울과 신의주를 잇는 경의선 철도역으로 민통선 남방 한계선에 있어요. 도라산역은 남쪽의 마지막 역이면서 동시에 북쪽으로 가는 첫 번째 역이기도 하지요. 2002년 2월 12일 설날에 철도 운행이 중단된 지 52년 만에 임진강을 통과하는 특별 망배 열차가 운행되기도 했으며, 2002년 2월 20일 미국의 부시 대통령이 방문하여 세계적으로 관심을 끌기도 했어요. 만약 남북 관계가 좋아져 자유로운 교

도라산역과 레일

남북한이 자유롭게 왕래하는 날이 곧 올거야.

기차를 타고 자유롭게 북한 땅으로 갔으면 좋겠어요.

류와 왕래가 가능해진다면 아마도 이 도라산역을 중심으로 북한은 물론 중국이나 러시아를 가는 사람들이 모일 테고, 화물 등에 대해 관세 및 **통관** 업무와 절차가 이곳에서 이루어질 수도 있을 거예요. 그래서 이 도라산역은 우리에게 철도를 타고 북쪽으로 나아갈 꿈을 꾸게 해 주는 곳이에요. 언젠가는 이곳, 도라산역에서 평양에도 가고, 신의주에도 가고, 시베리아 횡단철도도 탈 수 있는 그날이 오겠지요.

 통관
화물의 수출입 허가를 받고 세관을 통과하는 일이에요.

도라산과 경순왕

사천강이 흐르는 벌판 가운데 우뚝 솟은 도라산은 아름다운 경관이 옛날부터 유명한 곳이에요. 이곳을 '도라산'이라고 부르게 된 데에는 신라의 마지막 왕인 경순왕과 관련이 있어요.

경순왕은 고려에 항복하고, 고려 태조 왕건의 딸인 낙랑 공주와 결혼을 하게 돼요. 그 뒤 낙랑 공주는 비운을 맞게 된 경순왕의 우울한 마음을 달래기 위해 산 중턱에 암자를 지어 주었어요. 경순왕이 아침저녁으로 이 산마루에 올라 신라의 도읍인 경주를 그리워하며 눈물을 흘렸다고 하여 이 산을 도라산이라고 부르게 되었대요.

험준한 산세를 자랑하는 동부 전선

펀치볼마을*이 한눈에 내려다보이는 을지전망대부터 동해 바다가 있는 곳까지를 동부 전선으로 불러요. 철원을 지나 가곡 〈비목〉으로 유명한 비목공원과 평화의 댐부터 동해에 이르는 동쪽 지역의 비무장 지대는 험난하고 높은 산을 따라 철책*이 쭉 이어지고 있어요. 높고 험준한 만큼 그 아름다움이 더욱 빛을 발하는 이 동쪽 지역은 우리나라에서 가장 아름답기로 소문난 금강산이 바로 눈앞에 보이는 곳이에요.

분단의 날카로운 분위기만큼이나 험난한 지형이 이어지는 동부 전선이지만 통일을 향한 희망이 싹트는 동부 전선으로 함께 떠나 보아요.

* **펀치볼마을** : 양구 해안마을로 한국 전쟁을 취재하러 왔던 미국 기자들이 이 마을 지형이 마치 '펀치볼(포도주에 과일 등을 섞은 펀치라는 칵테일을 담는 그릇)'처럼 생겼다고 해서 붙여진 이름이에요.
* **철책** : 쇠로 만든 울타리를 일컫는 말이에요.

양구 해안면 가칠봉 능선 인근에 있는 을지전망대에서 바라본 펀치볼마을의 모습이에요.

이런 순서로 돌아보아요

제4땅굴 → 을지전망대 → 양구 전쟁기념관 → 고성 통일전망대 →
화진포 역사안보전시관 → 파로호 → 비목공원 → 평화의 댐

미리 알아두어요

• 제4땅굴, 을지전망대, 양구 전쟁기념관 출입 신청은 통일관에서 할 수
  있어요. (문의 : 033-481-9021)

• 관람료

성인	어린이
3,000원	1,500원

·입장권 1장으로 제4땅굴, 을지전망대, 양구 전쟁기념관을 관람할 수 있어요.

• 매주 월요일은 갈 수 없고, 정해진 시간에만 들어갈 수 있어요.

11월~2월	09:00~17:00
3월~10월	09:00~18:00

• 고성 통일전망대는 통일안보공원에서 출입 신고서를 작성해야 해요. (문의
  : 033-682-0088)

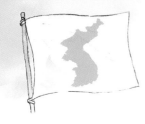

제4땅굴과 을지전망대

1990년 3월 3일에 발견된 이 땅굴은 국내에서는 유일하게 투명한 유리 덮개로 만들어진 전동차를 타고 땅굴 내부를 관람할 수 있는 곳이에요. 땅굴을 구성하는 주성분인 화강암층을 통해 흘러내리는 깨끗한 지하수도 맛볼 수 있어요.

땅굴 위에 있는 안보 교육관에는 영화관과 전시관이 있으며, 휴게실에는 북한의 관광지를 소개하는 3D 입체영사기가 있어요. 또한 땅굴 수색 중 북한이 설치해 놓은 지뢰를 밟고 생명을 잃은 군사견을 위로하기 위한 비석이 입구에 세워져 있어요. 투명 유리 덮개가 덮인 전동차를 타고 땅굴 100미터를 내려가면 땅굴을 관람할 수 있어요. 하지만 그 이상은 내려가지 못해 아쉬움이 남아요.

제4땅굴 입구

땅굴은 남과 북이 대립하고 있는 분단의 현실을 보여 주고 있어요.

제4땅굴 내부

46

을지전망대는 금강산의 마지막 봉우리인 가칠봉 인근에 있어요. 비무장 지대 철책 위에 1988년 12월에 세워진 을지전망대는 을지부대가 관할하는 곳에 있다 해서 을지전망대라는 이름이 붙여졌어요. 이곳은 을지부대 GOP도 같이 겸하고 있어요.

을지전망대에서는 남북한의 대치 상황을 한눈에 볼 수 있어요. 게다가 맑은 날이면 금강산 비로봉, 차일봉, 월출봉, 미륵봉, 일출봉까지도 볼 수 있지요. 또한 북측의 초병과 농민들의 모습도 볼 수 있고, 뒤쪽으로는 양구 지역의 유명한 펀치볼마을을 볼 수 있답니다.

 GOP
전방에 배치되어 적을 관측하거나 적의 기습으로부터 아군을 보호하는 부대나 초소를 말해요.

을지전망대 내부

양구 전쟁기념관

한국 전쟁 당시 양구 지역에서 치열했던 도솔산, 대우산, 피의 능선, 백석산, 펀치볼, 가칠봉, 단장의 능선, 949고지, 크리스마스 고지 전투 등 9개 전투를 살펴보고 선열들의 희생 정신과 업적을 기리기 위해 2000년 6월 20일 개관했어요.

을지전망대에서는 북한의 상황을 한눈에 볼 수 있어요.

눈 쌓인 겨울철의 을지전망대

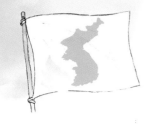

통일의 염원이 깃든 곳

통일의 길목인 고성 통일전망대

고성 통일전망대

분단의 현장을 체험하고 금강산과 해금강을 바라볼 수 있는 고성 통일전망대는 고향을 잃은 많은 실향민들과 일반 시민들이 통일의 소원을 안고 찾는 곳이에요.

이 통일전망대에는 통일을 기원하는 전진 십자철탑과 통일 기원 범종, 미륵불상, 성모 마리아상 등이 있어요. 또한 2004년 12월에 개통된 동해선 남북연결도로를 통해 금강산 육로 관광이 이루어지고 있어요.

통일 기원 범종
지름 1.25미터, 높이 1.87미터 규모의 범종으로 1983년에 통일을 기원하며 세웠어요.

경관이 빼어난 화진포 역사안보전시관

화진포 역사안보전시관

화진포는 동해안 최대의 자연 호수로, 넓은 갈대밭 위에 수천 마리의 철새와 고니가 날아드는 곳이에요. 김일성 별장, 이승만 대통령 별장과 이기붕 별장이 있을 정도로 주변 경관이 빼어나지요. 특히 김일성 별장은 화진포의 성이라 불릴 정도로 규모가 커 현재 역사안보전시관으로 운영되고 있어요.

한국 전쟁의 격전지였던 파로호

파로호는 일제 강점기에 수력 발전소를 건설하면서 생긴 인공 호수로 우리나라에서 만든 것 중 가장 오래된 거예요. 광복 직후에는 38도선 이북 지역으로 북한에 속해 있었지만 한국 전쟁 때 우리 국군이 되찾은 곳이에요. 한국 전쟁 중 화천 전투 때 북한군

파로호
물이 맑고 주변 경관이 아름다워 낚시를 하는 사람들이 많아요.

과 중공군 수만 명을 무찌른 것을 기념하여 이승만 대통령이 오랑캐를 무찌른 곳이라는 뜻의 '파로호'라고 이름지었어요.

안보관 위쪽 동산에 전망대가 있어 파로호를 한눈에 구경할 수 있어요. 그리고 이 일대에는 고인돌이 발견된 것을 비롯하여, 10만 년 전 구석기인들이 사용했던 선사 시대의 유물 4,000여 점이 발굴되어 학계의 관심을 모으고 있어요.

젊은 넋을 기리기 위한 비목공원

우리나라 사람이면 누구나 한 번쯤은 들어 보았을 법한 유명한 가곡 〈비목〉의 탄생지예요. 1960년대 중반 평화의 댐에서 북쪽으로 14킬로미터 떨어진 백암산 계곡 비무장 지대에서 한명희라는 청년 장교가 무명용사의 녹슨 철모와 돌무덤 하나를 발견하고는 그 돌무덤의 주인이 전쟁 당시 자기 또래의 젊은이였을 것이라고 생각하여 〈비목〉의 노랫말을 지었고, 그 뒤 장일남이 곡을 붙여 우리가 많이 부르는 가곡이 된 것이에요.

〈비목〉
초연이 쓸고 간
깊은 계곡
깊은 계곡 양지 녘에
비바람 긴 세월로
이름 모를
이름 모를 비목이여
먼 고향 초동친구
두고 온 하늘가
그리워 마디마디
이끼 되어 맺혔네

안보의 현장, 평화의 댐

파로호 상류에 있는 평화의 댐은 북한의 금강산 댐 건설로 혹시나 생길지 모르는 북한의 수공과 홍수 피해를 예방하기 위해 건설한 댐이에요. 북한이 금강산 지역에 댐을 만들기를 시작하였을 때 각 방송사에서 앞 다투어 북한의 수공에 대하여 걱정하고 심지어 북한이 금강산 댐을 터뜨렸을 때 서울이 물에 잠기는 모습을 방송하기도 했어요. 그래서 많은 국민들이 깜짝 놀라 성금 모금에 동참하였지요.

국민 성금으로 거둬들인 돈으로 1989년 1단계로 완공하였으나, 금강산 댐의 피해 예측이 부풀려졌다는 사실이 밝혀지면서 공사가 중단되었어요. 규모는 크지만 발전 기능과 인위적인 홍수 조절 기능이 없어 쓸모없는 댐이라는 인식이 강했지요. 2002년부터 임남댐(금강산 댐)의 안전 문제에 대비해 댐의 높이를 80미터에서 125미터로 높이는 공사를 다시 시작했으며, 2005년 10월에 완공되었답니다.

평화의 댐은 남과 북이 서로를 믿지 못하는 상황에서 남북 분단이 만들어낸 댐이에요. 하루빨리 통일이 되어 국민의 세금과 성금, 그리고 마음으로 만들어진 이 댐이 진정한 평화의 댐이 되었으면 해요.

수공
물길을 끊어 먹을 물을 막거나, 많은 물을 끌어다가 물에 잠기게 하는 공격을 말해요.

평화의 댐

비무장 지대를 둘러보고□□

　지금까지 우리는 우리 민족의 가슴 아픈 역사가 고스란히 서려 있는 비무장 지대를 돌아보았어요. 한국 전쟁 당시 가장 치열한 전투가 벌어졌던 중부 전선과 평화 통일의 길목이 되어줄 서부 전선, 그리고 험준한 지형을 따라 철책이 늘어서 있는 동부 전선까지 살펴보았어요. 특히 철원 지역은 가장 넓고 긴 비무장 지대를 갖고 있으며 전쟁의 고통을 고스란히 보존하고 있어 빼어난 자연과 더불어 안보와 역사 관광지로도 각광받고 있지요.

　이러한 비무장 지대를 돌아봄으로써 우리가 그동안 잊고 살았던 분단 국가라는 상황을 몸소 체험할 수 있었을 거예요.

　체험학습을 시작할 땐 낯설었던 이곳이 이제는 우리에게 평화와 통일에 대해 끊임없이 이야기하고 있어요. 여전히 우리가 다가가기 어려운 곳이지만, 이제는 이곳이 따스함과 희망의 땅으로 거듭나도록 관심을 갖고 노력해야 할 때예요. 우리의 노력으로 통일의 철길을 따라 한민족 모두가 함께 만날 그날을 기대해 보아요.

통일의 희망을 품고 철책 옆에서 바람개비를 돌리는 어린이들의 모습이에요.

나는 비무장 지대 박사!

평화 통일을 기원하며 우리가 돌아본 비무장 지대와 관련된 다음 문제들을 풀어 보아요.

❶ DMZ를 우리말로 풀어 써 보세요.

---

❷ DMZ가 우리나라에 생기게 된 배경을 써 보세요. ( )

> **보기** · 신미양요 · 제1차 세계 대전 · 제2차 세계 대전 · 한국 전쟁

❸ 지도를 보고 알맞은 말을 써 보세요.

다음 지도의 ㉮, ㉯, ㉰, ㉱, ㉲에 들어갈 구분선의 이름을 쓰세요.

> **보기** · 접경 지역 경계 · 민통선 · 군사 분계선 · 북방 한계선 · 남방 한계선

❹ 다음 내용을 읽고 맞으면 ○표, 틀리면 ×표 하세요.

1. DMZ는 군사적 비무장 지대로 사람이나 동물이 살지 못하는 척박한 땅이에요.   (   )

2. 한국 전쟁 중 맥아더 장군의 지휘로 서울을 되찾는 계기가 된 사건은 인천 상륙 작전이에요.   (   )

3. 철원은 한국 전쟁 당시 전혀 피해를 보지 않았기 때문에 많은 문화유산이 고스란히
   보존될 수 있었지요.   (   )

4. 휴전 협정이 이루어진 곳은 판문점이에요.   (   )

5. 4개의 땅굴 중 우리가 관람할 수 있는 것은 3개뿐이에요.   (   )

❺ 십자말풀이를 해 보세요.

〈가로 열쇠〉

1. 신라 경덕왕 때 도선국사가 창건한 절로 부처가 영원한 안식에 도달했다는 뜻을 가지고 있어요.

2. 전국에서 가장 긴 비무장 지대를 포함하고 있는 곳이지요.

3. 심한 폭격으로 산의 높이가 낮아지면서 그 모양이 마치 백마가 누워 있는 것 같다 하여 붙여진 지명이에요.

4. 한국 전쟁을 잠시 쉬기로 결정한 휴전 협정의 결과 생겨난 선이지요.

5. 끊긴 경원선의 최북단 역의 이름이에요.

〈세로 열쇠〉

1. 신라의 마지막 왕인 경순왕이 신라를 그리워했다 하여 붙여진 산의 이름이에요.

2. 평강, 철원, 김화로 이어지는 북측 삼각 축선을 일컫는 용어예요.

3. 한국 전쟁 당시 중공군의 개입으로 압록강까지 진출하여 통일을 눈앞에 두었던 우리 군이 후퇴한 사건이에요.

4. 민간인 출입 통제선의 줄임말이에요.

5. 임꺽정이 숨어 지내며 활동했던 곳으로 유명한 정자예요.

정답은 56쪽에

통일신문을 만들어 보아요!

분단의 아픔이 남아 있는 비무장 지대를 돌아보면서 어떤 생각을 했나요? 빨리 통일이 되어 남과 북의 사람들이 함께 생활했으면 좋겠다는 생각을 했나요? 통일을 위해 무언가 할 일이 있다는 것을 느낀 친구도 있을 거예요. 그럼, 비무장 지대를 체험한 것을 바탕으로 친구들과 함께 통일신문을 만들어 보세요.

1 편집 회의를 해요.

우선 신문을 만들기 위해서는 편집 회의부터 해야 해요. 친구들과 함께 모여 신문의 크기와 만드는 방법, 면수 등을 결정해요.

2 신문 기사거리를 정해요.

통일이 되었다고 가정하고 어떤 기사를 쓸 것인지 기사거리를 정해요. 어떤 내용을 기사로 쓸지 정했다면, 신문 기사의 제목을 구상해 보세요. 기사의 제목을 붙일 때는 많은 사람들이 한눈에 무슨 내용의 기사인지 알 수 있도록 쓰는 것이 좋아요. 창의적이고 기발한 제목이라면 더욱 돋보이겠지요?

3 기사 내용을 취재해요.

기사거리를 생각해 본 다음에는 기사로 만들 내용들을 수집해요. 책이나 인터넷, 나만의 상상력 등을 활용해 보세요.

4 신문 기사를 써요.

모아 놓은 자료를 바탕으로
신문 기사를 써 보아요.

5 회의를 통해 기사의 위치를 결정해요.

기사에 맞는 사진을 인쇄하여 적당한 크기로 오려 붙이세요. 사진
은 기사의 내용이 한눈에 드러나는 것으로 골라요.

6 광고나 만화도 만들어 넣어요.

광고나 만화를 덧붙여 나만의 개성 있는 신문을 꾸며 보세요.

7 완성된 신문을 소개해요.

완성된 신문을 살펴보고 평가해 보세요. 만들면서 느꼈던 점이나 보완했으면 좋은 점에 대해 서로 발표해 보는 것도
좋겠지요.

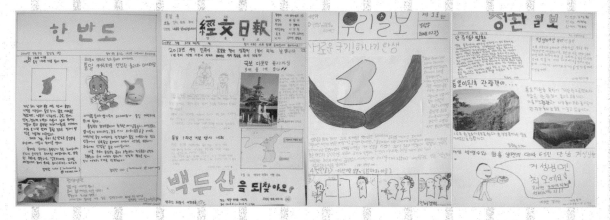

여기서
잠깐!

10쪽   비무장 지대
13쪽   ① ×   ② ○   ③ ○
25쪽   ① (통일)신라, 후고구려, 후백제
           ② 후백제 : 견훤, 후고구려(태봉) : 궁예
29쪽   1. 통일
           2. ① 분단된 남과 북의 현실   ② 한국 전쟁
               ③ 대한민국(한반도)   ④ 휴전선
39쪽   자유의 다리

나는 비무장 지대 박사!

❶ DMZ를 우리말로 풀어 써 보세요.
비무장 지대(휴전선을 기준으로 남쪽으로 2킬로미터, 북쪽으로 2킬로미터 떨어진 곳으로, 절대 무장할 수 없는 지역이에요.)

❷ DMZ가 우리나라에 생기게 된 배경을 써 보세요.
한국 전쟁

❸ 지도를 보고 알맞은 말을 써 보세요.
㉮ - 북방 한계선
㉯ - 군사 분계선
㉰ - 남방 한계선
㉱ - 민통선
㉲ - 접경 지역 경계

❹ 다음 내용을 읽고 맞으면 ○표, 틀리면 ×표 하세요.

1. DMZ는 군사적 비무장 지대로 사람이나 동물이 살지 못하는 척박한 땅이에요.   (×)

2. 한국 전쟁 중 맥아더 장군의 지휘로 서울을 되찾는 계기가 된 사건은 인천 상륙 작전이에요.   (○)

3. 철원은 한국 전쟁 당시 전혀 피해를 보지 않았기 때문에 많은 문화유산이 고스란히 보존될 수 있었지요.   (×)

4. 휴전 협정이 이루어진 곳은 판문점이에요.   (○)

5. 4개의 땅굴 중 우리가 관람할 수 있는 것은 3개뿐이에요.   (○)

❺ 십자말풀이를 해 보세요.

			³일				
¹도	피	안	사			²철	원
라			후			의	
산			퇴			삼	
						각	
		⁴민		³백	마	⁵고	지
		통				석	
⁴휴	전	선		⁵월	정	리	역

아주 특별한 땅,
비무장 지대에 대해서
알아보았어요.

사진 출처

이해용 3쪽(서부 전선), 14~15쪽(중부 전선), 23쪽(아이스크림 고지), 24쪽(궁예도성 모형도, 궁예도성 터), 34~35쪽(서부 전선), 44~45쪽(동부 전선), 51쪽(바람개비를 들고 있는 아이들의 모습)

김훈이 17쪽(철의삼각전적관, 야외 전시장), 21쪽(제2땅굴 소개, 제2땅굴 게시판, 땅굴 속에서 발견된 장비들과 흔적들), 22쪽(철원 평화전망대, 평화전망대에서 바라본 북한의 모습, 모노레일 카), 24쪽(궁예도성 터), 26쪽(월정리역), 28쪽(노동당사 안쪽 벽의 낙서)

장동일 6~7쪽(한국 전쟁)

철원군청 17쪽(철의 삼각전적관 내부), 18쪽(고석정), 19쪽(고석정 입구의 임꺽정 동상), 20쪽(양지리 통제소, 위령탑, 제2땅굴 입구, 제2땅굴 내부), 26쪽(월정리역에 있는 녹슨 철마의 모습), 27쪽(제2금융 조합건물, 얼음 창고, 농산물 검사소, 제일 감리 교회), 28쪽(노동당사), 30쪽(백마고지 위령비, 백마고지), 31쪽(도피안사 삼층석탑, 도피안사 철조비로자나불좌상), 32쪽(금강산 철교, 승리전망대, 암정교, 저격능선 전투전적비)

양구군청 46쪽(제4땅굴 입구, 제4땅굴 내부), 47쪽(을지전망대 내부, 눈 쌓인 겨울철의 을지전망대), 48쪽(통일전망대), 49쪽(파로호의 모습), 50쪽(평화의 댐)

파주시청 36쪽(판문점), 37쪽(판문점 평화의 집), 38쪽(임진각, 통일연못), 39쪽(임진각에서 본 자유의 다리), 40쪽(제3땅굴 내부), 42쪽(도라전망대, 도라전망대의 망원경, 안보 전시관 앞의 조형물), 43쪽(도라산역, 도라산역과 레일)

엔싸이버 9쪽(인천 상륙 작전 자유수호의 탑), 16쪽(승일교), 18쪽(고석정에서 바라본 풍경), 48쪽(통일 기원 범종, 화진포 역사안보전시관)

연합포토 40쪽(통일대교)

초등학교 교과서와 관련된 학년별 현장 체험학습 추천 장소

1학년 1학기 (21곳)	1학년 2학기 (18곳)	2학년 1학기 (21곳)	2학년 2학기 (25곳)	3학년 1학기 (31곳)	3학년 2학기 (37곳)
철도박물관	농촌 체험	소방서와 경찰서	소방서와 경찰서	경희대자연사박물관	IT월드(과천정보나라)
소방서와 경찰서	광릉	서울대공원 동물원	서울대공원 동물원	광릉수목원	강원도
시민안전체험관	홍릉 산림과학관	농촌 체험	강릉단오제	국립민속박물관	경희대자연사박물관
천마산	소방서와 경찰서	천마산	천마산	국립서울과학관	광릉수목원
서울대공원 동물원	월드컵공원	남산골 한옥마을	월드컵공원	국립중앙박물관	국립경주박물관
농촌 체험	시민안전체험관	한국민속촌	남산골 한옥마을	기상청	국립고궁박물관
코엑스 아쿠아리움	서울대공원 동물원	국립서울과학관	한국민속촌	서대문자연사박물관	국립국악박물관
선유도공원	우포늪	서울숲	농촌 체험	선유도공원	국립부여박물관
양재천	철새	갯벌	서울숲	시장 체험	국립서울과학관
한강	코엑스 아쿠아리움	양재천	양재천	신문박물관	남산
에버랜드	짚풀생활사박물관	동굴	선유도공원	경상북도	남산골 한옥마을
서울숲	국악박물관	고성 공룡박물관	불국사와 석굴암	양재천	롯데월드 민속박물관
갯벌	천문대	코엑스 아쿠아리움	국립중앙박물관	경기도	국립민속박물관
고성 공룡박물관	자연생태박물관	옹기민속박물관	국립민속박물관	이화여대자연사박물관	삼성어린이박물관
서대문자연사박물관	세종문화회관	기상청	전쟁기념관	전쟁기념관	서대문자연사박물관
옹기민속박물관	예술의 전당	시장 체험	판소리	천마산	선유도공원
어린이 교통공원	어린이대공원	에버랜드	DMZ	한강	소방서와 경찰서
어린이 도서관	서울놀이마당	경복궁	시장 체험	화폐금융박물관	시민안전체험관
서울대공원		강릉단오제	광릉	호림박물관	경상북도
남산자연공원		몽촌역사관	홍릉 산림과학관	홍릉 산림과학관	월드컵공원
삼성어린이박물관		국립현대미술관	국립현충원	우포늪	육군사관학교
			국립4·19묘지	소나무 극장	해군사관학교
			지구촌민속박물관	예지원	공군사관학교
			우정박물관	자운서원	철도박물관
			한국통신박물관	서울타워	이화여대자연사박물관
				국립중앙과학관	제주도
				엑스포과학공원	천마산
				올림픽공원	천문대
				전라남도	태백석탄박물관
				경상남도	판소리박물관
				허준박물관	한국민속촌
					임진각
					오두산 통일전망대
					한국천문연구원
					종이미술박물관
					짚풀생활사박물관
					토탈야외미술관

4학년 1학기 (34곳)	4학년 2학기 (56곳)	5학년 1학기 (35곳)	5학년 2학기 (51곳)	6학년 1학기 (36곳)	6학년 2학기 (39곳)
강화도	IT월드(과천정보나라)	갯벌	IT월드(과천정보나라)	경기도박물관	IT월드(과천정보나라)
갯벌	강화도	광릉수목원	강원도	경복궁	KBS 방송국
경희대자연사박물관	경기도박물관	국립민속박물관	경기도박물관	덕수궁과 정동	경기도박물관
광릉수목원	경복궁 / 경상북도	국립중앙박물관	경복궁	경상북도	경복궁
국립서울과학관	경주역사유적지구	기상청	덕수궁과 정동	고성 공룡박물관	경희대자연사박물관
기상청	경희대자연사박물관	남산골 한옥마을	경상북도	국립민속박물관	광릉수목원
농촌 체험	고창, 화순, 강화 고인돌유적	농업박물관	경희대자연사박물관	국립서울과학관	국립민속박물관
서대문자연사박물관	전라북도	농촌 체험	고인쇄박물관	국립중앙박물관	국립중앙박물관
서대문형무소역사관	고성 공룡박물관	서울국립과학관	충청도	농업박물관	국회의사당
서울역사박물관	충청도	서울대공원 동물원	광릉수목원	롯데월드 민속박물관	기상청
소방서와 경찰서	국립경주박물관	서울숲	국립공주박물관	몽촌토성과 풍납토성	남산
수원화성	국립민속박물관	서울시청	국립경주박물관	민주화현장	남산골 한옥마을
시장 체험	국립부여박물관	서울역사박물관	국립고궁박물관	백범기념관	대법원
경상북도	국립서울과학관	시민안전체험관	국립민속박물관	서대문자연사박물관	대학로
양재천	국립중앙박물관	경상북도	국립서울과학관	서대문형무소 역사관	민주화 현장
옹기민속박물관	국립국악박물관 / 남산	양재천	국립중앙박물관	서울역사박물관	백범기념관
월드컵공원	남산골 한옥마을	강원도	남산골 한옥마을	조선의 왕릉	아인스월드
철도박물관	농업박물관 / 대법원	월드컵공원	농업박물관	성균관	서대문자연사박물관
이화여대자연사박물관	대학로	유명산	롯데월드 민속박물관	시민안전체험관	국립서울과학관
천마산	롯데월드 민속박물관	제주도	충청도	경상북도	서울숲
천문대	몽촌토성과 풍납토성	짚풀생활사박물관	서대문자연사박물관	암사동 선사주거지	신문박물관
철새	불국사와 석굴암	천마산	성균관	운현궁과 인사동	양재천
홍릉 산림과학관	서대문자연사박물관	한강	세종대왕기념관	전쟁기념관	월드컵공원
화폐금융박물관	서울대공원 동물원	한국민속촌	수원화성	천문대	육군사관학교
선유도공원	서울숲	호림박물관	시민안전체험관	철새	이화여대자연사박물관
독립공원	서울역사박물관	홍릉 산림과학관	시장 체험 / 신문박물관	청계천	중남미박물관
탑골공원	조선의 왕릉	하회마을	경기도	짚풀생활사박물관	짚풀생활사박물관
신문박물관	세종대왕기념관	대법원	강원도	태백석탄박물관	창덕궁
서울시의회	수원화성	김치박물관	경상북도	해인사 고려대장경과 장경판전	천문대
선거관리위원회	승정원 일기 / 양재천	난지하수처리사업소	옹기민속박물관	호림박물관	우포늪
소양댐	옹기민속박물관	농촌, 어촌, 산촌 마을	운현궁과 인사동	유니세프 한국위원회	판소리박물관
서남하수처리사업소	월드컵공원	들꽃수목원	육군사관학교	무령왕릉	한강
중랑구재활용센터	육군사관학교	정보나라	이화여대자연사박물관	현충사	홍릉 산림과학관
중랑하수처리사업소	철도박물관	드림랜드	전라북도	덕포진교육박물관	화폐금융박물관
	이화여대자연사박물관	국립극장	전쟁박물관	서울대학교 의학박물관	훈민정음
	조선왕조실록 / 종묘		창경궁 / 천마산	상수허브랜드	상수도연구소
	종묘제례		천문대		한국자원공사
	창경궁 / 창덕궁		태백석탄박물관		동대문소방서
	천문대 / 청계천		한강		중앙119구조대
	태백석탄박물관		한국민속촌		
	판소리 / 한강		해인사 고려대장경과 장경판전		
	한국민속촌		화폐금융박물관		
	해인사 고려대장경과 장경판전		중남미문화원		
	호림박물관		첨성대		
	화폐금융박물관		절두산순교지		
	훈민정음		천도교 중앙대교당		
	온양민속박물관		한국에너지기술연구원		
	아인스월드		한국자수박물관		
			초전섬유퀼트박물관		

숙제를 돕는 사진

판문점

승일교

제2땅굴

철의삼각전적관

아이스크림 고지

임진각

숙제를 돕는 사진

자유의 다리

통일대교

을지전망대

제3땅굴

제4땅굴

도라전망대

고성 통일전망대